教えて南部先生!

18歳までに知っておきたい選挙・国民投票Q&A

南部義典 著

C&R研究所

はじめに

本書を発刊するにあたって、筆者が高校2年生、3年生だった頃のことを思い返していています。

当時は、リクルート事件（1988年6月18日・朝日新聞朝刊記事が端緒）、昭和天皇の崩御と「平成」への元号改正（1989年1月7日）、消費税の導入（同年4月1日）、中国・六四天安門事件（同年6月4日）、東欧諸国における共産主義の崩壊と民主化革命（同年6月以降）など、政治史を大きく揺るがす出来事が国内外で連続していました。テレビ・ラジオのニュースや新聞記事を通じて、政治・社会の構造が根本から変化を遂げようとする過程を、その深層までは理解できずとも、緊張気味に見聞きしていたことを今でも憶えています。

何より、高校3年生のときは国政選挙の「当たり年」でした。第15回参議院議員通常選挙（1989年7月23日）、第39回衆議院議員総選挙（1990年2月18日）が、全国規模の選挙としては比較的近い日程で執行されたのです。いずれも「消費税の導入の賛否」「政治とカネをめぐる問題」が主要な争点となり、その結果として、衆参両院で与党・野党の議席が大幅に入れ替わり、当時の政権、国会の運営に甚大な影響を及ぼすに至りました。選挙制度の見直しを柱とする政治改革、政界再編を期待する国民の声が徐々に高まっていった、その後の展開も忘れることができません。

もっとも、当時の選挙権年齢は「20歳以上」で、17歳ないし18歳であった筆者は前記二つの選挙に投票参加することは叶いませんでしたが、有権者が各々、自由な意思と判断で投票行動を起こすことの重要性を、「民主主義の原点に在るべきもの」として実感しました。政治の礎は国民であり、有権者の「動き」に連動して、政治は「変わる」「変えられる」ものだと強く認識した次第です。

みなさんは『未来づくりの主役』です

あれから30余年が過ぎました。選挙権年齢は「20歳以上」から「18歳以上」へと引き下げられ（18歳選挙権法・２０１５年）、本書を手にしていただいたみなさんは、早晩、選挙権を行使できる機会を迎えようとしています。

高校の公民科「公共」でも主権者教育が扱われ、すでに授業の中で内容に触れた方もいるでしょう。実際の選挙では教材レベルの「政治的自己決定」を超えて、現実政治の生々しい姿態を思い浮かべながら、限られた期間の中で、主体的な判断と投票行動を済ませることが求められます。この点、「初めての選挙」は誰しも慎重に構えがちですが、まず、有権者一人ひとりの生活環境、未来の展望は異なるという前提に立つべきです。それぞれの興味・関心、政治的意見、政策的な立ち位置も相違うと割り切れば、投票選択の迷いは相当程度抑えることができます。

そもそも選挙は、知識や技能、心理や感性を問われる試験ではありません。肩肘を張って投票に臨む必要はまったく無いのです。他人の目を気にすることなく、不本意に協調することなく、自らの自由な意思と判断で投票することによって、「民意を正しく反映した政治」という民主主義の維持と発展に関わる本質的な理念、価値を守ることができます。そして、みなさんは、生涯を通じて投票選択を何度も迫られ、その都度、自らが妥当と考える決断を下していくことになります。中には、被選挙権を行使して国・地方の議員や首長(知事、市区町村長)などの公職に就き、政策決定、ルールづくりに携わる方も出てくるでしょう。

日本では実例がありませんが、憲法改正の国民投票が執行される場合には、国民投票法(2007年)が定めるところにより、18歳以上の者が投票資格を有します。憲法改正は今なお、実現可能性が著しく乏しい政治問題にとどまっていますが、憲法の施行80年（２０２７年）、施行90年（２０３７年）、施行１００年（２０４７年）といった節目では特に、みなさんの世代こそ憲法論議の中心に位置し、議論を多方位に興しながら、改正すべきか否かの方向性を具体的に固めていく役割が期待されます。みなさんを『未来づくりの主役』と呼ぶのは、そういう所以です。

本書のねらい

本書は、まもなく選挙・国民投票の有権者となる、あるいは有権者となったばかりのみなさんに対して、制度に関心を持ち、さらに深堀りしていただくためのトピックを提供することがねらいです。民主主義の全体像をより広く掴んでいただくため、他にも住民投票、リコール（議員などの解職請求）、最高裁判所裁判官の国民審査といった関連制度も扱います。

昨今、ＩＣＴ（情報通信技術）の向上は、有権者の投票環境を目まぐるしい勢いで便利なものとし、ＡＩ（人工知能）の発達は、インターネット空間における政治的コミュニケーションをはじめ、有権者自らが投票意思を形成する過程そのものに少なからぬ影響を与えています。それ故、たとえ長い年月を要してでも、今までにはない視点で制度を再設計し、運用のバージョンアップを図る必要性が高まっています。

本書がみなさんにとって恰好の「たたき台」となり、将来の選挙・国民投票、ひいては民主主義の新たな枠組みを創造する一助となれば幸いです。

2023年1月

南部 義典

■本書について

● 本書では、一部の法律について略称を使用します。

名 称（制定順）	略 称
最高裁判所裁判官国民審査法（1947年11月20日法律第136号）	国民審査法
日本国憲法の改正手続に関する法律（2007年5月18日法律第51号）	国民投票法
公職選挙法等の一部を改正する法律（2015年6月19日法律第85号）	18歳選挙権法
民法の一部を改正する法律（2018年6月20日法律第59号）	18歳成年法
少年法等の一部を改正する法律（2021年5月26日法律第47号）	少年法等改正法

● 引用する法律は、2023年1月1日時点の内容です。最新のデータは、政府の「e-Gov法令検索」をご参照ください。
https://elaws.e-gov.go.jp/

● 刑罰として本文中に登場する「懲役刑」「禁錮刑」は、2022年の刑法改正により、「拘禁刑」へと名称変更の上、統一されました。2025年を目途に改正法が施行されます。

CONTENTS

目次

第2章
選挙のしくみ

第3章 選挙運動と投票・開票

第4章 国民投票のしくみ

第5章 国民投票運動と投票・開票

第6章 住民投票・リコール・国民審査

第7章 将来の選挙・国民投票

第 1 章

選挙・国民投票の有権者となる前に

01 Q 選挙・国民投票とは、どんな制度なの？

A 選挙は、国・地方の制度で、有権者の投票によって人（議員、首長）を選ぶものです。国民投票は、国の制度で、国会が発議した憲法改正案を承認するかどうか、有権者の投票（賛成・反対の二択）によって決めるものです。選挙は「間接民主主義」、国民投票は「直接民主主義」に則る、という違いがあります。

憲法第15条第1項は「公務員を選定し、及び罷免することは、国民固有の権利である」と定めています。憲法が、選定の対象となる「公務員」として予定しているのは議員（国・地方）、首長（地方）です。憲法第43条第1項は「両議院は、全国民を代表する選挙された議員でこれを組織する」と（註・両議院とは衆議院、参議院を指します）、第93条第2項は「地方公共団体の長、その議会の議員及び法律の定めるその他の吏員は、地方公共団体の住民が、直接これを選挙する」と、それぞれ定めています。

そして、選挙の制度、議員の定数と任期、投票・開票の手続きなどを具体的に定めるのが、公職選挙法です。法律の全体構造についてはQ08で、選挙の種類についてはQ09で解説します。

選挙に関する5つの原則

選挙に関しては、憲法上、5つの原則が採用されています。

第一に、普通選挙の原則です。憲法第15条第3項は「公務員の選挙については、成年者による普通選挙を保障する」と定めています。普通選挙とは具体的に、個人の財産、納税額、教育、性別などを選挙権の要件としない制度を指します(対極にあるのが制限選挙)。日本では1946年、公職選挙法の前身である衆議院議員選挙法の改正によって、民法の成年年齢に合

わせて20歳以上の者すべてに選挙権が認められました（いわゆる婦人参政権の実現）。

普通選挙にはさらに「選挙における投票の機会の保障」まで含まれると解されます。この点に関し、労働基準法第7条本文は、「使用者は、労働者が労働時間中に、選挙権その他公民としての権利を行使し、又は公の職務を執行するために必要な時間を請求した場合においては、拒んではならない」と定めています（公民権行使の保障）。

第二に、平等選挙の原則です。選挙権に平等の価値を認めるもので（一人一票）、一人の有権者に一枚の投票用紙が与えられます。憲法第14条第1項は「すべて国民は、法の下に平等であつて、人種、信条、性別、社会的身分又は門地により、政治的、経済的又は社会的関係において、差別されない」と定めるほか、前述の第15条第1項、第3項の規定に続き、第44条が「両議院の議員及びその選挙人の資格は、法律でこれを定める。但し、人種、信条、性別、社会的身分、門地、教育、財産又は収入によつて差別してはならない」と定め、この原則を確認しています。

もっとも、一人一票といえども、衆議院の選挙区選出議員選挙（小選挙区289）と比例代表選出議員選挙（ブロック11）、参議院の選挙区選出議員選挙（都道府県、合同選挙区）における当選者（議員）1名に対する選挙区内人口の比率が相対的に異なっているため（極端な例を示せば、一選挙区当たり20万人で1名選ぶのと、40万人で1名選ぶのとでは、後者の投票価値は前者の半分しか認められません）、いわゆる「一票の較差」の問題が生じています。詳しくは、Q11で解説します。

第三は、自由選挙の原則です。「①有権者が自らの意思と判断に基づいて投票する自由」、「②選挙に立候補する自由」、「③選挙運動の自由」といった意味が含まれます。特に①については、義務投票制の是非が問題となり、Q05で解説します。

第四は、秘密選挙の原則です。有権者がどの候補者、政党に投票したのか、第三者に知り得ない方法で行われる選挙のことを指します。憲法第15条第4項前段は「すべて選挙における投票の秘密は、これを侵してはならない」と定め、この原則を確認しています。

第五は、直接選挙の原則です。有権者が公務員を直接、選挙する制度のことです。これと対置されるのが間接選挙（有権者がまず選挙委員を選び、その選ばれた選挙委員が公務員を選定する制度）で、アメリカの大統領選挙などで採用されています。前出の第93条第2項には「直接」という文言が含まれており、地方選挙（議員、首長）において間接選挙制は採用できませんが、第43条第1項には「直接」という文言が含まれていないことからして、国会議員の選挙では間接選挙制も容認しうると解されます。ただし、間接選挙制といっても、すでに別の選挙を受けて公職にある者(例えば都道府県議会議員)が国会議員の選挙を行うといった「複選制」は、その選挙が終わっても投票資格が消滅せず、国民(の意思)との関係がかなり間接的なものとなるため、認めることは困難です。

主権に直接関わる、憲法改正国民投票

国民投票は、憲法改正の手続きにおいて、国会が発議した憲法改正案を承認するか否かを有権者が決定するために行われます。憲法第96条第1項は「この憲法の改正は、各議院の総議員の3分の2以上の賛成で、国会が、これを発議し、国民に提案してその承認を経なければならない。この承認には、特別の国民投票又は国会の定める選挙の際行はれる投票において、その過半数の賛成を必要とする」と定めており、国会が憲法改正の発議をした場合には、国民投票が必ず行われることになります。

憲法前文第一段は「日本国民は、・・・ここに主権が国民に存することを宣言し、この憲法を確定する」という構文になっています。現行の憲法はこの宣言どおり、主権者である国民自らが制定したものです。その前提としては、国民にこそ憲法を制定する力

があるという法思想の上に成り立っており、憲法を制定する力を「改正する権利」（憲法改正権）として明文化したのが、第96条第1項であると解釈できます。

「国民主権」という場合の「主権」には、「国政についての最高決定権を持つ」という意味があります。国政上の最たる問題は言うまでもなく、「国の最高法規」（憲法第98条第1項）である憲法の改正です。国民投票は、まさに「主権」が直接関わるのです。

また、そもそもの制度論として、仮に憲法を改正しようとすれば、主権者である国民が一堂に会して議決すべきということになりそうですが、物理的にそのような会議を持つことはできません。国会で憲法改正の「案」を発議・提案し、その承認

を国民投票の表決に委ねるという憲法第96条所定の手続きは、つとめて合理的な設計の上に成り立っています。

選挙に関する5つの原則の趣旨は、国民投票にも当てはまります（明文規定もあります）。詳しくは第4章、第5章で解説します。

間接民主主義と直接民主主義の違い

選挙・国民投票はそれぞれ、間接民主主義、直接民主主義に則る制度です。

間接民主主義では、有権者が議員などの代表者を選んで一定期間、権力を行使させることを通じて、間接的に政治参加する形態が取られます。代表民主主義、議会制民主主義とも呼ばれ、「決める人を、決める」システムです。政策を決定するのは、選挙で選ばれた議員、首長です。有権者は直接、政策の決定には関わらず、言わば、間接的な政治参加にとどまります。

直接民主主義では、有権者が議員などの代表者を介さず、直接的に政治参加する形態が取られます。その典型例が国民投票であり、有権者による投票の結果に拠ることになります。

Q02 多数決は常に正しいの？

A 多数決には、いくつかの種類、方法があります。過半数は決定の要件、採決の方法として簡便で、合理的といえる反面、少数派の意見が反映されない、などの問題もあります（多数決の限界）。優先順位付投票制など、難解、複雑ではありながら、問題を克服する方法もあります。

みなさんの学校生活では、ごく日常的に多数決によって物事を決めていると思います。生徒会、クラスの役員選出を選挙で行う場合があるほか（得票が最も多かった人が当選）、文化祭やその他の行事における出し物、演題を決める場合にも、複数の選択肢の中から得票が最も多かったものを選ぶことがあります。学級目標が提案された場合なども、採決が行われて、賛成が反対を上回れば採用されることになります。

このように多数決は、一定の集団における意思決定の方法として普及し、馴染みのあるものです。もっとも、多数決は、決定論として問題はないのか、問題があるとすればどうすれば克服できるのかなど、選挙・国民投票の制度を考える上でも大切な視点となります。

多数決の利点と欠点

多数決を簡単に類型化すると、次の4つがあります。

①相対多数(2分の1以下もあり得る)
②過半数(2分の1超)
③特別多数(②を超える3分の2以上、4分の3以上などの要件)
④全員一致

①相対多数とは、複数の選択肢の中で最も得票が多かったものを決定する方法です。例えば、100名で(A)から(D)までの選択肢のうち一つを選ぶ投票をした結果、(A)35票、(B)30票、(C)20票、(D)15票となった場合、最も得票が多い(A)が当選となります。選挙は、①相対多数で決する方法に拠ります(公職選挙法第95条第1項本文)。仮に、②過半数、③特別多数の方法に拠ってしまうと、数多くの候補者が立候補する場合

などで必要な得票に満たなくなってしまい、当選者が出ないという事態になってしまいます。この限りで①相対多数は合理的ですが、全体を母数とする場合の得票率が低い場合に（先の例では3割5分）、集団の決定として「正しい」といえるのかどうか、疑念を生みます。

②過半数は、集団の意思決定の方法として、最も多用されているものです。③特別多数は、意思決定を慎重に行う（行わせる）ために、要件をより厳しくするものです。方法としては簡便ですが、「数の力」にかえって頼りがちになる故に、少数派の意見ないし選好が蔑ろになるおそれがあります。

④全員一致は文字通り、全員が賛成して初めて決定する方法で、究極の多数決ともいえます。少数派を作らず、全員の意見が一致している状況は理想形に近いともいえますが、その一致するまでの過程において少数派が多数派に接近し、結託したり、多数派に加わることへの誘い込みが奏功していれば、逆に非民主主義的な結果を生んでいると評価せざるを得ません。そもそも、一致の可能性に鑑みれば、大きな集団での意思決定には馴染まないという問題もあります。

以上のように、多数決の各方式には一長一短があります。

優先順位付投票制の意義

選挙は通常、①相対多数で決する方法を採りますが、最多の得票で当選した人が過半数に達しているとは限りません。あくまで相対的な結果として、得票数が最も多かったに過ぎないのです。例えば、衆議院の選挙区選出議員選挙（小選挙区）では、各選挙区での当選人は１名であり、残り全員は落選となります。落選者が比例代表選挙で復活当選することもありますが、その得票は「死票」とも呼ばれるように、有権者が投票で示した意思は諸共、無駄なものとなります。

この点、有権者の投票意思をできるだけ正確に結果に反映させるため、すべての候補者に「優先順位」を付して投票させ、最多の得票が「過半数」に達するまで計算（投票）を繰り返すシステムがあります。優先順位付投票制（Preferential Voting）と呼ばれ、オーストラリア下院議員選挙、２０２１年以降のニューヨーク市長選挙などで採用されています。優先順位付投票制とはどんなシステムか、平易な例で解説していきます。表を見ながら読み進めてください。

ＡからＥまでの生徒５名が各々１票を持って、優先順位付投票制に基づいてグループ旅行の行先（北海道、東京または沖縄）１か所を決めようとしています。５名による投票なので、過半数は「3」になります。そしてAからEまでの5名は、北海道・東京・沖縄について、表のように1から3までの順位を付けて投票したとします（第1回投票）。

1位が付された投票を見ると、北海道2、東京2、沖縄1となります。過半数に達した行先候補はないので、この段階では決まりません。ここで、最下位であった沖縄が候補から消え、北海道・東京の二択となります。次の作業として、沖縄を1位とした生徒Bが2位を付した投票（1票）を振り分けます。生徒Bは東京を2位としており（2位として東京の得票1、北海道の得票0という意味です）、第2回投票に移行して東京に1票を加えます。最終的に東京3票で過半数に達するので、ここで結果が確定します。

第1回投票

	A	B	C	D	E	得票（1位の数）
北海道	1	3	2	3	1	2
東京	2	2	1	1	3	2
沖縄	3	1	3	2	2	1

第2回投票

	A	B	C	D	E	得票（1位の数）
北海道	1	2	2	2	1	2
東京	2	1	1	1	2	3

さらに大きな数値をあてはめてみましょう。メロン党、レモン党、リンゴ党の3党が対象で、優先順位付投票制に基づいて「フルーツ総選挙」が行われたとします。有権者2万4千名が各々1票を持って1から3までの順位を付して投票し、表のような結果となったとします。

メロン党が最多得票ですが、過半数に達していないので、第1回投票では決まりません。最下位となったリンゴ党が消えるとともに、リンゴ党を1位とした投票者（6000票）の「2位の投票」を振り分ける作業に続きます。ここで6000票の内訳において、2位としてメロン党4000票、レモン党2000票であったとします。これらを1位の得票にそれぞれ加算すると（第2回投票）、メロン党1万4000票、レモン党1万票となります。この結果、メロン党

	1位の得票数	リンゴ党の2位の投票を振り分け
メロン党	10,000	
レモン党	8,000	
リンゴ党	6,000	(2位)メロン党　4,000 (2位)レモン党　2,000

↓

	総計	
メロン党	14,000	※過半数＝当選
レモン党	10,000	

が過半数に達し、当選となります。また、2位としてメロン党1000票、レモン党5000票であったとすると、第2回投票ではメロン党1万1000票、レモン党1万3000票となり、結果が逆転します。第1回投票で最下位だったリンゴ党の得票が無駄にならない（その選好次第で、キャスティング・ボートを握る）ことが理解いただけると思います。

以上のような投票計算を、衆議院の選挙区選出議員選挙（小選挙区）をイメージし、具体的な政党名、得票数をあてはめながらシミュレートすると、制度の価値が実感できるはずです。さらに付言すれば、2022年10月2日執行の品川区長選挙（東京都）では、当選の要件である「有効投票の総数の4分の1以上の得票」（公職選挙法第95条第1項ただし書第4号）を充たす候補者がおらず、当選人が出ないという結果となりました（同年12月4日の再選挙でようやく決着しました）。仮に優先順位付投票制が採用されていれば、このような混乱は避けることができます。

一見して複雑と受け止められる制度の導入には相当な困難が伴いますが、多数決の欠点ないし弱点を克服する理論、方法もあることをぜひ覚えておいてください。

03 憲法には、どんな多数決があるの？

A 憲法には、第4章（国会）を中心に、多数決に関する規定が9つあります。国会の議事は「出席議員の過半数」で決することを原則としていますが（第56条第2項）、特別多数を定めるものもあります。最も厳格でハードルが高いのは憲法改正の発議（第96条第1項）で、総議員の3分の2以上の賛成（衆310名、参166名）が必要です。

Q02では、多数決の種類、方法について解説しました。憲法には、表のとおり、9つの多数決規定が置かれています。うち5つは、第4章（国会）にあります。

国会（衆議院、参議院）において、審議する法律案、予算案などの議案の可否について、議院としての意思決定を行う場合（これを採決といいます）、「可」という決定を行うために必要となるのが表決数です。この表決数に関して、多数決要件としての「原則」と「例外」が定められています。

条項	内容	要件
第55条但書	議員の資格争訟裁判（議席の喪失）	出席議員の3分の2以上の多数
第56条第2項	議院の議事（議決）	出席議員の過半数
第57条第1項但書	秘密会の決定	出席議員の3分の2以上の多数
第58条第2項但書	議員の除名	出席議員の3分の2以上の多数
第59条第2項	法律案の再議決（衆議院）	出席議員の3分の2以上の多数
第82条第2項本文	裁判の非公開	裁判官の全員一致
第95条	特別法住民投票の同意	住民投票における過半数の同意
第96条第1項前段	憲法改正の発議	総議員3分の2以上の賛成
同条第1項後段	憲法改正案の承認	国民投票における過半数の賛成

衆議院、参議院の議事手続上の原則は、第56条第2項が定めています。「両議院の議事は、この憲法に特別の定のある場合を除いては、出席議員の過半数でこれを決し、可否同数のときは、議長の決するところによる」とあります。法律案、予算案、条約、決議案、人事の同意など通常の議案は、過半数で決します。

特別多数決の例

第一は、議員の資格争訟裁判で、議員が資格を有しないものとして議席を失わせる場合です（第55条但書）。議員の資格とは、①公職選挙法で定める被選挙権を有すること、②兼職を禁止されている一定の公職に就いていないことです。議席の喪失という、身分上大きな問題を扱うことから、特別多数（出席議員の3分の2以上の多数）が必要とされています。もっとも、現行憲法の下で資格争訟裁判の例はありません。

第二は、秘密会の決定です（第57条第1項但書）。第1項の本文で「両議院の会議は、公開とする」と会議公開の原則（傍聴の自由、会議録の公表）を定め、秘密会はその例外となることから、その決定は特別多数（出席議員の3分の2以上の多数）に拠ることとしています。もっとも、第57条は、衆参の本会議の公開と秘密会に関して定めるものです。現行憲法の下で、本会議が秘密会とされた例はありません。他方、委員会は、その決議（出席委員の過半数）により秘密会とすることができます（国会法第50条、第52条第2項）。

第三に、議員を除名する場合です（第58条第2項但書）。議員の地位を喪失させるという、法的、政治的に重い判断を下すことになるため、特別多数（出席議員の3分の2

以上の多数）が必要となります。「議院の秩序をみだし又は議院の品位を傷つけ、その情状が特に重い者」（衆議院規則第２４５条）、「議院を騒がし又は議院の体面を汚し、その情状が特に重い者」（参議院規則第２４５条）が対象となります。現在までに、川上貫一衆議院議員（１９５１年３月29日除名）、小川友三参議院議員（１９５０年４月７日除名）の２例があります。

第四に、衆議院が法律案を再議決する場合です（第59条第２項）。衆議院で可決した法律案について、参議院で異なった議決（否決、修正議決）をした場合、衆議院で出席議員の３分の２以上の多数という特別多数で可決したときは、当初原案どおりに成立します。「衆議院の優越」の一例ですが、その権限の濫用によって二院制の趣旨を没却することがないよう、議決要件が加重されているのです。

硬性憲法と呼ばれる理由

憲法上、最も厳格な多数決は、憲法改正の発議です。「各議院の総議員の３分の２以上の賛成」（第96条第１項）が必要です。出席議員ではなく総議員を基準（母数）とするため、衆議院（議員数４６５）では３１０名以上、参議院（議員数２４８）では１６６名以上の賛成が「絶対的に必要」となります。本会議の欠席、採決の棄権は、反対と同じ意味（扱い）になることに注意が必要です。衆参いずれかで1名でも要件に及ばなければ、発議はできません。

憲法改正の手続上の要件が、通常の法律改正よりも厳格になっているものを「硬性憲法」と呼びます。成文の憲法を持つ場合は通常、硬性憲法の性格を有しています。

内閣総理大臣の指名選挙も「過半数」

憲法第67条第1項前段は「内閣総理大臣は、国会議員の中から国会の議決で、これを指名する」と定めています。しかし、どのような手続きを経て指名するのか、憲法自体は明確に定めていません。指名の具体的な手続きは、衆参の議院規則が定めており、本会議で「記名投票」によることとされます（衆議院規則第18条第1項、参議院規則第20条第1項）。そして、この投票において「過半数を得た者」が、指名を受けます。

過半数を得た者がいないときは、上位2名による「決選投票」となり、多数を得た者が指名されます（衆議院規則第8条第2項、第18条第3項、参議院規則第20条第3項）。この場合の要件は、過半数ではなく相対多数（いずれか多い方）です。

Q04 主権者と有権者は同じ？ それとも違うの？

A 主権者と有権者は、違います。主権者とは国民そのもの（すべての国民）で、有権者は国民の中で参政権を行使する者（その集団）と、区別して考えましょう。

Q01で解説したとおり、憲法前文第一段は「日本国民は、・・・ここに主権が国民に存することを宣言し、この憲法を確定する」と、国民主権を謳っています。国民に「国政についての最高決定権」が在るという〝究極の正当性〟を示す意味で、主権者は国民そのもの（すべての国民）です。主権者でない国民はいません。そして、憲法第44条第1項本文は「両議院の議員及びその選挙人の資格は、法律でこれを定める」としています。「選挙人」というのは、いわゆる有権者のことですが、法律（公職選挙法）でその要件（年齢、欠格事由など）が定められるのです。国民のすべてが有権者となるわけではありません。もし、主権者イコール有権者と捉えてしまうと、この規定があるが故に、主権者の範囲が「法律で決められる」ことになってしまいます。

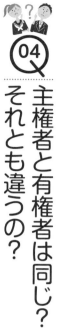

国民投票の「有権者」は、さらに別の意味

国民投票と言いつつも、国民の全員が投票できるわけではありません。国会が発議した憲法改正案を承認するかどうかを判断するためには、常識的に一定の能力が要求されます。自ずと、その有権者の範囲を定める必要が生じます。国民投票の有権者は「選挙人」ではなく「投票人」と呼びます。選挙の有権者と国民投票の有権者は、さらに別のカテゴリーです。両者は「18歳以上の者」という年齢要件では一致していますが、欠格事由の有無で異なります。欠格事由とは、有権者の資格を得ることができない事由のことですが、選挙では、一定の選挙犯罪の有罪が確定した者について、選挙権を有しないものとされます（公職選挙法第11条）。他方、国民投票法には、有権者の欠格事由は（年齢を除いて）定められていません。Q01で解説した間接民主主義（選挙）と直接民主主義（国民投票）の違いにも重なりますが、国民投票における一票は、憲法改正権という主権の行使そのものであることから、法律で権利行使を制約することが元々好ましくないのです。また、選挙と異なり、国民投票が数十年に一回あるかないかという頻度であることに鑑み、できるだけ多くの有権者が参加することに意義があると考えられています。

05 投票は義務なの？

A 「選挙で投票することは、個人の権利か、義務か」昔から論争がありますが、両方の側面があり、一義的には語れません。

Q01で、選挙が「国民固有の権利」として位置づけられていることを解説しました。また、選挙の原則として「自由選挙」があり、その内容の一つに、「①有権者が自らの意思と判断に基づいて投票する自由」が含まれます。選挙で投票することが「個人の権利」である点は、憲法上間違いありません。

加えて、公務としての特殊な性格をも有しています。選挙というのは、個人それぞれの投票行為で完結するものではなく、選挙人（憲法第44条第1項）ないし有権者のグループが「機関」として議員、首長を選定するという公務参加でもあるのです。選挙で投票することは、権利、公務の両面があると解する立場を「二元説」と呼びます。

もっとも、二元説は憲法の解釈として導かれるもので、みなさん其々のポリシーとして「投票は義務である」と考え、実践することに何の問題もありません。

義務投票制を採る国もある

有権者が選挙で投票することを、義務と定める国もあります（義務投票制）。よく知られているのが、オーストラリア、ベルギー、ルクセンブルクです。正当な理由なく棄権すると罰金が科されるため、投票率は軒並み90％を超える結果となっています。

義務投票制は、投票率の向上だけでなく、ポピュリズム（人気投票）を低減させる効果も生みます。日本だけではなく各国の選挙でポピュリズム現象が生じるのは、投票行為が任意（する、しないは自由）とされている有権者に投票所に行かせようとする動機付けが必要となることが背景にあり、「税金、公共料金の引き下げ」などわかりやすい人気取り政策の争いに走りやすくなってしまうのです。義務投票制の下では、人気取り政策があろうと無かろうと、ほとんどの有権者は投票所に足を運ぶので、前面に出す効果が低くなるのです。

義務投票制を採用しなくても、スウェーデンなどの北欧各国では高い投票率を維持しています。国民負担率の高さが政治への関心につながっていること、投票所における投票だけでなく、郵便投票などの方法が充実していることが理由として挙げられます。

政治が悪くても、有権者の責任は不問

憲法第15条第4項後段は「選挙人は、その選択に関し公的にも私的にも問はれない」と定めています。選挙権の行使は、権利でもあり、公務でもありますが、どの候補者、政党にするかは自由であるとともに、その結果、どのような政治が展開しようとも（たとえ、到底公正とはいえない政治がまかり通ったとしても）、有権者がその責任を問われることはないということが確認されています。

「はじめに」で、選挙は試験ではない旨を述べましたが、有権者はそれぞれの感性、独自の基準で投票選択を行って何ら問題はないのです。ただし、民主主義の負の側面ですが、政治を良くするも悪くするも、有権者の投票選択がもたらすことには間違いありません。政治が結果として悪くなれば、その不利益は国民が被ることになります。選挙という選択権は、一生を通じて訪れます。その都度、後悔しないように権利行使したいところです。

06 生徒会の力で校則の見直しはできるの？

A 各地の学校で、不必要、不合理な校則の見直しに向けた取り組みが盛んです。見直しを求める意見を吸い上げたり、生徒会が学校長に働きかけられる態勢を常時築いておくことが重要です。

第1章の最後は、選挙・国民投票よりもはるかに身近なルールとして、校則の問題を取り上げます。校則の問題は古くて新しく、制服のフォーマット、髪型・染髪の制限、アクセサリの禁止、アルバイトの許可制ないし禁止など、生徒の個性、人格、生活設計に関わる事項が多く、物議を醸しています。最近では、男子生徒の長髪、ツーブロック、ヘアピンを禁止する事例が問題視されています。校則の制定や改正する権限は、学校運営の責任者である学校長にあります。しかし、一般的に見れば、校則の運用状況を日常的に検証し、必要な点が生まれれば随時見直すという仕組みが成立していません。また、生徒の側も、集団で協議し、一定の意思決定を行うシステムがそもそも存在していなかったり、校則の一部に不合理さを感じながらも、3年間在学すれば卒業してしまう（校則の拘束力から解かれる）ので、在学中に解決しようという機運が生じにくいという問題もあります。俗に言う「問題校則」「ブラック校則」は、こうした不作為の連鎖によって、継承されている側面が強いのです。

文部科学省は2021年6月8日、「校則の見直し等に関する取組事例について」と題する事務連絡を全国の教育委員会（都道府県、市区町村）に発出し、学校や地域の実態に応じて、校則の見直し等に取り組んでいくことを要請しました。この事務連絡が契機となり、見直しに着手した学校もあります。みなさんの学校ではいかがでしょうか。

校内民主主義を確立する「試金石」

校則の見直しは、校内民主主義を確立する「試金石」となります。

民主主義にとって何より重要なのが「情報公開」です。みなさんの学校のウェブサイトで、校則が公開されているかどうか、まず調べてみてください。公開されていれば、保護者、新入生その他の利害関係者はもちろん、広く一般からも比較、評価を受けることとなり、議論に一石を投じることができます。ちなみに、筆者の出身高校のウェブサイトを調べてみたところ、校訓、校章、校歌の記事は載っていますが、校則は見当たりませんでした。校則の見直しを行う際には、どういう決め方が民主的なのか、どうすれば生徒が主体的に関与することができるのかをみんなで考え、一定のルールをあらかじめ決めておくことも重要になります。

例えば、「生徒が校則の見直しに関して署名活動を行い、在校生の5分の1以上の署名を集めた場合、生徒会は、学校長に対して必要な見直しを要求することができる」といった規定を校則の中に盛り込むことも有効と考えられます。また、生徒全員が参加する投票で、新しい制服のデザイン案などの具体的な案件を決定する場合には、Q02で解説したとおり、2択であれば過半数の要件で妥当ですが、3択以上であれば、相対多数の決定で足りるのか、それとも優先順位付投票の方法に拠るか、その決め方からまず考えておき、最終的にはみんなで納得、合意したプロセスを経ることが大切です。

みなさんも将来、会社や自治会などで様々な規則、規約とめぐり合うことになります。いずれ、運用する側に立って、見直しを求められる場面に出くわすかもしれません。決めあぐね、躊躇している間にも、時間だけは容赦なく過ぎてしまいます。必要あれば、校則の見直しというリアルな課題を通じて、実践を重ねておくことをお奨めします。

■【参考】校則について
（文部科学省『生徒指導提要』（2022年12月）より抜粋（傍線筆者）。

（1）校則の意義・位置付け

児童生徒が遵守すべき学習上、生活上の規律として定められる校則は、児童生徒が健全な学校生活を送り、よりよく成長・発達していくために設けられるものです。校則は、各学校が教育基本法等に沿って教育目標を実現していく過程において、児童生徒の発達段階や学校、地域の状況、時代の変化等を踏まえて、最終的には校長により制定されるものです。

校則の在り方は、特に法令上は規定されていないものの、これまでの判例では、社会通念上合理的と認められる範囲において、教育目標の実現という観点から校長が定めるものとされています。また、学校教育において社会規範の遵守について適切な指導を行うことは重要であり、学校の教育目標に照らして定められる校則は、教育的意義を有するものと考えられます。

校則の制定に当たっては、少数派の意見も尊重しつつ、児童生徒個人の能力や自主性を伸ばすものとなるように配慮することも必要です。

（2）校則の運用

校則に基づく指導を行うに当たっては、校則を守らせることばかりにこだわることなく、何のために設けたきまりであるのか、教職員がその背景や理由についても理解しつつ、児童生徒が自分事としてその意味を理解して自主的に校則を守るように指導していくことが重要です。そのため、校則の内容について、普段から学校内外の関係者が参照できるように学校のホームページ等に公開しておくことや、児童生徒がそれぞれのきまりの意義を理解し、主体的に校則を遵守するようになるために、制定した背景等についても示しておくことが適切であると考えられます。

その上で、校則に違反した場合には、行為を正すための指導にとどまるのではなく、違反に至る背景など児童生徒の個別の事情や状況を把握しながら、内省を促すような指導となるよう留意しなければなりません。

（3）校則の見直し

校則を制定してから一定の期間が経過し、学校や地域の状況、社会の変化等を踏まえて、その意義を適切に説明できないような校則については、改めて学校の教育目的に照らして適切な内容か、現状に合う内容に変更する必要がないか、また、本当に必要なものか、絶えず見直しを行うことが求められます。さらに、校則によって、教育的意義に照らしても不要に行動が制限されるなど、マイナスの影響を受けている児童生徒がいないか、いる場合にはどのような点に配慮が必要であるか、検証・見直しを図ることも重要です。

校則は、最終的には校長により適切に判断される事柄ですが、その内容によっては、児童生徒の学校生活に大きな影響を及ぼす場合もあることから、その在り方については、児童生徒や保護者等の学校関係者からの意見を聴取した上で定めていくことが望ましいと考えられます。また、その見直しに当たっては、児童会・生徒会や保護者会といった場において、校則について確認したり議論したりする機会を設けるなど、絶えず積極的に見直しを行っていくことが求められます。

そのためには、校則を策定したり、見直したりする場合にどのような手続きを踏むことになるのか、その過程についても示しておくことが望まれます。

なお、校則の見直しに関して、例えば、以下のような取組により、校則に向き合う機会を設けている学校や教育委員会もあります。

①　学校における取組例

・各学級で校則や学校生活上の規則で変更してほしいこと、見直してほしいことを議論。

・生徒会やＰＴＡ会議、学校評議員会において、現行の校則について、時代の要請や社会常識の変化等を踏まえ、見直しが必要な事項について意見を聴取。

・児童生徒や保護者との共通理解を図るため、校則をホームページに掲載するとともに、入学予定者等を対象とした説明会において、校則の内容について説明。

② 教育委員会における取組例

・校則の内容、見直し状況について実態調査を実施。

・学校等の実態に即した運用や指導ができているか等の観点から、必要に応じて校則を見直すよう依頼。

・校則を学校のホームページへ掲載するとともに、校則について生徒が考える機会を設けられるよう改定手続きを明文化するなど、児童生徒・保護者に周知するよう依頼。

(4)児童生徒の参画

校則の見直しの過程に児童生徒自身が参画することは、校則の意義を理解し、自ら校則を守ろうとする意識の醸成につながります。また、校則を見直す際に児童生徒が主体的に参加し意見表明することは、学校のルールを無批判に受け入れるのではなく、自身がその根拠や影響を考え、身近な課題を自ら解決するといった教育的意義を有するものとなります。

第2章

選挙のしくみ

07 Q 「選挙」の語源や歴史は？

A 「選挙」の語源は、中国の古典『淮南子《えなんじ》』に遡ります。日本での使用例は、近代期に差し掛かる、明治新政府の樹立の頃から存在していました。「Election」の訳語としても、19世紀後半には定着したとみられます。

選挙の語源は、前漢の時代、劉安《りゅうあん》（紀元前179－122年）が編纂した『淮南子』に遡ります。第15巻「兵略訓」の中に、「選挙足以得賢士之心」（選挙、以て賢士の心を得るに足り）という一節があります。「人材の選び方が、賢士（すぐれた人）の心を掌握するに十分である」との意です（楠山春樹『新釈漢文大系62巻　淮南子・下』（明治書院、1988年）835頁以下）。日本では、明治新政府が刊行した漢語辞典である『新令字解』（1868年）の中で、「選挙」の意味が「人ヲエラビモチユルコト」と表記されたことが初出です（石井研堂『明治事物起源・上』（春陽堂、1944年）160頁）。また、英語の「Election」に関して、知新館社友編『英和字典（An English and

Japanese Dictionary)』(知新館、1872年)は、「選挙スルコト・選挙ノ権・選挙ノ事」と訳出しています。「投票による選挙」の意味で最初に登場した公用語は、渋沢栄一の伝記にも登場する「蚕種製造組合会議局規則」(1875年)で、「投票を以て選挙」であったとされています(石井・前掲同頁)。およそ、今から150年ほど前には「選挙」という用語が一般化し、定着したとみられます。

明治憲法下の「選挙」

明治憲法(1889年2月11日公布、1890年11月29日施行)には、「選挙」の文言が2か所で出てきます。

第35条　衆議院ハ選挙法ノ定ムル所ニ依リ公選セラレタル議員ヲ以テ組織ス
第45条　衆議院解散ヲ命セラレタルトキハ勅命ヲ以テ新ニ議員ヲ選挙セシメ解散ノ日ヨリ五箇月以内ニ之ヲ召集スヘシ

第35条「選挙法」とは、明治憲法と同じ日に公布された衆議院議員選挙法のことです。制定当初は、普通選挙に対置する「制限選挙」であり、直接国税15円以上を納める25歳以上の男子に限定して、選挙権が与えられていました（選挙法第6条第1号、第3号）。一度目の全面改正として制定された衆議院議員選挙法（1900年3月29日公布）では、納税要件は直接国税10円以上に引き下げられたものの（選挙法第8条第1号、第3号）、年齢・性別要件はそのまま維持されました。1919年の改正では、納税要件が直接国税3円以上に引き下げられています。

二度目の全面改正として制定された衆議院議員選挙法（1925年5月5日公布）では、納税要件が完全に廃止され、25歳以上の男子に対して一律に選挙権が与えられました。さらに戦後、連合国軍総司令部（GHQ）の指令に基づいて衆議院議員選挙法の改正が行われ（1945年12月17日公布）、女性参政権の実現を含む、完全な意味での「普通選挙制」が実現しています。そして、参議院議員通常選挙の執行の準備等を含め、衆議院議員選挙法は廃止され、替わって公職選挙法が制定され（1950年4月15日公布）、現在に至っています。明治憲法第45条に基づく衆議院の解散は、13回行われています。最後の解散詔書は、1947年3月31日付のもので、すでに新しい日本国憲法の公布（1946年11月3日）がなされた後でした。

Q08 公職選挙法って、どんな法律なの？

A 公職選挙法は、「①衆議院議員」、「②参議院議員」、「③自治体の首長」、「④自治体議会の議員」の選挙に関して、選挙権・被選挙権の要件、投票日、選挙運動規制（罰則）、投票・開票の手続き、選挙に関する訴訟などを定めています。１９５０年４月15日に公布、５月１日に施行されました。

憲法には、「両議院の議員の定数は、法律でこれを定める」（第43条第2項）、「両議院の議員及びその選挙人の資格は、法律でこれを定める」（第44条本文）、「選挙区、投票の方法その他両議院の議員の選挙に関する事項は、法律でこれを定める」（第47条）といった規定があり、議員の選挙に関しては別の「法律」で定めることを予定しています。

この「法律」に相当するのが公職選挙法です。また、地方自治法第17条は「普通地方公共団体の議会の議員及び長は、別に法律の定めるところにより、選挙人が投票によりこれを選挙する」と定めています。同条の「法律」も同じく、公職選挙法を指します。

公職選挙法の目次

公職選挙法の目次（章立て）は、第1章（総則）から第17章（補則）まで、枝分かれしているものを含めて、20の章から成ります。

基本的に手続法としての性格を有するので、制度上の諸定義、手続の始まりから終わりまでを順に定めています。最も多くの条文を含むのが第13章（選挙運動）です。

目次		主な内容
第1章	総則（第1条～第8条）	公職の定義（第3条）、議員の定数（第4条）、選挙に関する啓発、周知（第6条）など
第2章	選挙権及び被選挙権（第9条～第11条の2）	選挙権（第9条）、被選挙権（第10条）の要件のほか、選挙権・被選挙権を有しない者（第11条、第11条の2）の該当事由など
第3章	選挙に関する区域（第12条～第18条）	選挙の単位（第12条）、衆議院議員、参議院議員、自治体議会の議員の選挙区（第13条～第15条）など
第4章	選挙人名簿（第19条～第30条）	選挙人名簿の記載事項（第20条）、登録要件（第21条）、名簿抄本の閲覧の手続き（第28条の3）など

第4章の2	在外選挙人名簿（第30条の2～第30条の16）	在外選挙人名簿の記載事項（第30条の3）、登録要件（第30条の4）、名簿抄本の閲覧の手続き（第30条の12）など
第5章	選挙期日（第31条～第34条の2）	衆議院議員の総選挙（第31条）、参議院議員の通常選挙（第32条）の期日など
第6章	投票（第35条～第60条）	一人一票（第36条）、投票所の開閉時間（第40条）、投票用紙の交付・様式（第45条）、期日前投票（第48条の2）、不在者投票（第49条）、在外投票（第49条の2）など
第7章	開票（第61条～第74条）	開票（第66条）、開票の場合の効力の決定（第67条）、無効投票（第68条）、同一氏名の候補者等に対する投票の効力（第68条の2）など
第8章	選挙会及び選挙分会（第75条～第85条）	選挙長及び選挙分会長（第75条）、選挙会及び選挙分会の開催場所（第77条）など
第9章	公職の候補者（第86条～第94条）	衆議院小選挙区選出議員の選挙における候補者の立候補の届出等（第86条）、供託（第92条）、供託物の没収（第93条）など
第10章	当選人（第95条～第108条）	当選に必要な得票率（第95条）、衆議院比例代表選出議員選挙における当選人（第95条の2）、参議院比例代表選出議員選挙における当選人（第95条の3）、無投票当選（第100条）、当選証書の付与（第105条）など

第11章	特別選挙（第109条～第118条）	再選挙（第109条、第110条）、補欠選挙（第113条）、首長の退職等による選挙（第114条）など
第12章	選挙を同時に行うための特例（第119条～第128条）	同時に行う選挙の範囲（第119条）など
第13章	選挙運動（第129条～第178条の3）	選挙運動の期間（第129条）、特定公務員の選挙運動の禁止（第136条）、公務員等の地位利用の選挙運動の禁止（第136条の2）、教育者の地位利用の選挙運動の禁止（第137条）、18歳未満の者の選挙運動の禁止（第137条の2）、戸別訪問の禁止（第138条）、飲食物の提供の禁止（第139条）、連呼行為の禁止（第140条の2）、文書図画の頒布の制限（第142条）、ウェブサイト等を利用する方法による文書図画の頒布（第142条の3）、ネット有料広告の禁止（第142条の6）、政見放送（第150条）、経歴放送（第151条）、街頭演説（第164条の5）、夜間の街頭演説の禁止（第164条の6）、街頭演説における選挙運動員等の制限（第164条の7）、選挙公報（第167条）、選挙期日後の挨拶行為の制限（第178条）など
第14章	選挙運動に関する収入及び支出並びに寄附（第179条～第201条）	出納責任者（第180条）、選挙運動収支報告書（第189条）、報告書の公開（第192条）、選挙運動に関する支出金額の制限（第194条）、公職の候補者等の寄附の禁止（第199条の2）など

第14章の2	参議院（選挙区選出）議員の選挙の特例（第２０１条の２～第２０１条の４）	推薦団体の選挙運動の特例（第２０１条の４）など
第14章の3	政党その他の政治団体等の選挙における政治活動（第２０１条の５～第２０１条の15）	選挙運動期間中の政治活動の規制（第２０１条の５～第２０１条の９）など
第15章	争訟（第２０２条～第２２０条）	選挙の効力に関する訴訟（第２０３条・第２０４条）、総括主宰者、出納責任者等の選挙犯罪による公職の候補者であった者の当選の効力及び立候補の資格に関する訴訟等（第２１０条）など
第16章	罰則（第２２１条～第２５５条の４）	買収及び利害誘導罪（第２２１条）、選挙の自由妨害罪（第２２５条）、事前運動、教育者の地位利用、戸別訪問等の制限違反（第２３９条）、公務員等の選挙運動等の制限違反（第２３９条の２）、選挙犯罪による処刑者に対する選挙権及び被選挙権の停止（第２５２条）など
第17章	補則（第２５６条～第２７５条）	補欠議員の任期（第２６０条）など
附則		
別表第一（第13条関係）		（衆）小選挙区の区域（２８９）
別表第二（第13条関係）		（衆）比例区の区域（11）と定数
別表第三（第14条関係）		（参）選挙区（都道府県、合同）ごとの定数

政省令でさらに細かいルールも

公職選挙法第272条は「この法律の実施のための手続その他その施行に関し必要な規定は、命令で定める」とし、公職選挙法施行令（政令＝内閣が出す命令）、公職選挙法施行規則（総務省令＝総務大臣が出す命令）が制定されています。規則では、投票用紙の様式（第5条）、投票箱の様式（第6条）などが定められています。

公職選挙法の改正は頻繁に行われる

日本には2023年1月1日現在、2062本の法律が存在していますが、公職選挙法の改正は、トップ10に入るくらいの頻度で行われています。公職選挙法自体の改正のほか、他の法律の改正に伴って公職選挙法が改正される場合も含めると、2023年1月1日現在までに計212回の改正が行われています。一の国会会期の中で、二度、三度行われたこともあります。議員定数の見直し、選挙区割りの改定はもちろん、有権者の投票環境の向上、投開票の実務の見直しなどが近年、頻繁に行われている事情があります。民主主義の根幹に関わるルールであることから、不断の見直しが必要であることは言うに及びません。

Q09 選挙には、どんな種類があるの？

A 選挙の対象は、衆議院議員、参議院議員、自治体の首長、議員の4種です。それぞれの職に任期が定められており、選挙は定期的に行われます。統一自治体（地方）選挙は4年に一度、4月に行われます。

「公務員を選定し、及びこれを罷免することは、国民固有の権利である」（憲法第15条第1項）とありますが、選挙の対象となる公務員は限られます。衆議院議員、参議院議員、自治体の首長、議員の4種です。衆議院議員の任期は4年です（憲法第45条本文）。総選挙は、任期満了日から前30日以内に行われます（公職選挙法第31条第1項）。任期満了日近くまで国会が開会している場合には、任期満了日から後30日以内に行われます（同法第31条第2項）。任期の途中、衆議院が解散された場合には、総選挙は解散の日から40日以内に行われます（憲法第54条第1項、公職選挙法第31条第3項）。

参議院議員の任期は6年ですが、3年ごとにその半数が改選されます（憲法第46条）。

通常選挙は、任期満了日から前30日以内に行われます（公職選挙法第32条第1項）。任期満了日近くまで国会が開会している場合には、任期満了日から後30日以内に行われます（同法第32条第2項）。衆議院と異なり、参議院には「解散」の制度はありません。ちなみに、天皇の国事行為の一つに「国会議員の総選挙の施行を公示すること」があります（憲法第7条第4号）。この「総選挙」とは、「日本全国すべての選挙区において同時になされる選挙」との意味であり、衆議院議員の総選挙、参議院議員の通常選挙の双方を含みます。首長（都道府県知事、市区町村長）の任期は4年です（地方自治法第140条第1項）。選挙は、任期満了の前30日以内に行われます（公職選挙法第33条第1項）。議員の任期も同じく4年で、選挙（一般選挙と呼ばれます）は、任期満了の前30日以内に行われます（同条項）。

議員、首長の任期

国	衆議院議員	4年（憲法第45条本文）	解散制度あり（同条但書）
国	参議院議員	6年（憲法第46条）	3年ごとに半数改選（同）
自治体	首長（都道府県知事、市区町村長）	4年（地方自治法第140条第1項）	リコール制度あり（同法第81条）
自治体	議員	4年（地方自治法第93条第1項）	リコール制度あり（同法第80条）議会の自主解散制度あり（特例法第2条第2項）

すぐには実施されない補欠選挙

仮に、衆議院議員選挙区（小選挙区選出）選挙で当選した議員（1名）が死亡したなどの理由で、欠員が生じたとします。小選挙区選挙で欠員1名が生じると、補欠選挙を実施しなければならなくなりますが（公職選挙法第113条第1項第1号）、すぐには行われません。公職選挙法第33条の2第2項は原則として、補欠選挙の投票日を次のように定めています。最長で、7か月程度の間が空くことに注意してください。

9月16日から翌年の3月15日までに補欠選挙を行うべき事由が生じた場合
↓当該期間の直後の4月の第4日曜日
3月16日からその年の9月15日までに補欠選挙を行うべき事由が生じた場合
↓当該期間の直後の10月の第4日曜日

一票の較差（Q11）をめぐる選挙無効訴訟が行われている場合は、裁判が確定した後になります。他方、自治体の首長、議員に関する補欠選挙は原則、これを行う事由が生じた日から50日以内に行われます（公職選挙法第34条第1項）。

自治体選挙の日程が統一された背景

統一自治体（地方）選挙が、4年に一度、4月に行われます。初めて行われたのが1947年4月のことで、以降恒例となっており、今後は、2023年4月、2027年4月と続きます。自治体選挙の日程が統一された背景としては、当初からのGHQ（連合国軍最高司令官総司令部）の影響が指摘されています。

当時、日本は連合国の占領下にありましたが、憲法が施行される1947年5月3日までに、すべての選挙を完了するようにとの、GHQから政府に対して要請がなされたのです（地方自治百年史編集委員会編『地方自治百年史 第二巻』（1993年）242頁）。また、戦後まもなくは、投票箱など投票機材を確保することが困難な状況が認められたため、同一の投票所で同一の投票箱を共用するため、府県知事の選挙と市町村長の選挙を同日に行うなどして、選挙の数を少なくする狙いがあったと説明されています（鈴木俊一『新地方選挙解説』（時事通信社、1947年）24頁）。

昭和の市町村合併（1953～1961年）、平成の市町村合併（1999～2010年）を通じて、現在では選挙の「統一率」は2割強程度となっていますが、選挙執行に係る経費の削減の見地から、統一方式は、なお維持される見通しです。

Q10 選挙の経費はどれくらいかかるの？

A 選挙の経費（一般経費＋公営費）は、衆議院議員総選挙（２０１７年）で約６２０億円、参議院議員通常選挙（２０１９年）で約５６０億円となっています。別枠で、臨時啓発費も執行されており、特に選挙制度（投票方法）が変わるタイミングでは、その額も大きくなっています。執行経費の全額は、国の負担となります。

国政選挙の経費には、一般経費と公営費があります。一般経費とは、選挙にかかる人件費のほか、投票所（期日前を含む）の開設の経費、投票用紙の印刷、選挙公報の配布、在外投票の運用などが含まれます。

公営費とは、選挙運動の機会均等を図ることを目的に、選挙運動に関して候補者、政党が支出すべき項目・額について、国が負担するものです。具体的には、①無料乗車券、②無料葉書、③選挙公報、④候補者氏名等掲示、⑤ポスター掲示場、⑥個人演説会施設公営、⑦新聞広告、⑧政見放送、⑨自動車使用公営、⑩通常葉書作成公営、⑪ビラ作成公営、⑫選挙事務所立札看板作成公営、⑬自動車船舶立札看板作成公営、⑭ポスター作成公営が含まれます。

また、経費とは別に、臨時啓発費がありま す。若年層への投票啓発に重点をおいて、投票率の向上を図るための事業が行われています。特に、選挙制度(投票方法)が変わるタイミングで、その額が大きくなります。表においても、小選挙区制が導入された第41回衆議院議員総選挙、非拘束名簿式比例代表制が導入された第19回参議院議員通常選挙に際しては、臨時啓発費の額が大きく上がっていることがわかります。

衆議院、参議院で選挙の違いこそありますが、国政選挙は国民一人当たり「500円玉

衆議院議員総選挙の執行経費・臨時啓発費(単位:千円)

回次	投票日	一般経費(a)	公営費(b)	計(a+b)	臨時啓発費
第39回	1990年2月18日	22,834,140	10,964,848	33,798,988	442,311
第40回	1993年7月18日	29,040,824	13,867,452	42,908,276	465,000
第41回	1996年10月20日	41,112,460	25,240,312	66,352,772	1,321,095
第42回	2000年6月25日	47,567,448	25,281,020	72,848,468	1,038,287
第43回	2003年11月9日	49,503,431	24,124,331	73,627,762	1,132,945
第44回	2005年9月11日	49,886,306	24,705,099	74,591,405	1,210,721
第45回	2009年8月30日	43,731,425	22,826,620	66,558,045	1,149,092
第46回	2012年12月16日	43,207,436	25,967,860	69,175,296	443,043
第47回	2014年12月14日	36,545,626	25,147,725	61,693,351	456,590
第48回	2017年10月22日	39,586,498	22,385,087	61,971,585	547,883

(出典)『衆議院議員総選挙・最高裁判所裁判官国民審査結果調』(総務省自治行政局選挙部)をもとに筆者作成。

1枚」くらいの経費であると捉えることができます。投票用紙1枚の価値に置き換えて考えることもできますが、高いか、安いか、評価も分かれるところです。経費の原資は「税金」であることに鑑みると、簡単に無駄にはできないはずです。

執行経費基準の定期的な見直し

選挙に係る執行経費の基準は、国会議員の選挙等の執行経費の基準に関する法律（1950年5月15日法律第179号）が定めています。そもそも衆議院議員総選挙、参議院議員通常選挙は、国が本来行うべき事務ですが、端的に言えば、都道府県、市区町村に委託して、執行してもらってい

参議院議員通常選挙の執行経費・臨時啓発費（単位：千円）

回次	投票日	一般経費(a)	公営費(b)	計(a+b)	臨時啓発費
第15回	1989年7月23日	22,396,590	11,410,655	33,807,245	588,334
第16回	1992年7月26日	27,254,706	16,438,521	43,693,227	586,284
第17回	1995年7月23日	34,171,851	21,175,337	55,347,188	627,608
第18回	1998年7月12日	39,501,900	15,767,161	55,269,061	801,018
第19回	2001年7月29日	44,482,433	17,956,042	62,438,475	1,051,886
第20回	2004年7月11日	46,405,731	16,349,766	62,755,497	1,125,830
第21回	2007年7月29日	43,577,257	13,450,580	57,027,837	986,149
第22回	2010年7月11日	34,879,556	13,309,637	48,189,193	459,010
第23回	2013年7月21日	35,161,866	14,730,640	49,892,506	458,440
第24回	2016年7月10日	38,479,342	14,529,772	53,009,114	468,530
第25回	2019年7月21日	41,393,781	15,233,106	56,626,887	469,270

（出典）『参議院議員通常選挙結果調』（総務省自治行政局選挙部）をもとに筆者作成。

るわけです。

執行経費基準法第3条から第14条まで、前述の選挙公営の件も含めて、個々に基準額を定め、自治体に「全額支給」する方式が採用されています。言わば国政選挙ごとに、国が自治体に対し、実費と手間賃を支払うシステムが成立しているのです。最高裁判所裁判官国民審査についても同様です(同法第15条)。

執行経費基準法は、およそ3年に一度、参議院議員通常選挙の前に、物価の状況などを勘案しつつ、自治体への支出の基準となる額を改正しています。

Q11 ニュースでよく聞く「一票の較差」は何が問題なの？

A「選挙区において議員1名を当選させるための有権者の数」（単位人口）が選挙区ごとに異なるため、有権者一人ひとりの投票の価値に較差が生じます。第49回衆議院議員総選挙（2021年10月31日執行）・小選挙区選挙においては最大2・08倍（鳥取1区対東京13区）、第26回参議院議員通常選挙（2022年7月10日執行）都道府県・合同選挙区選挙においては最大3・03倍（福井県選挙区対神奈川県選挙区）の較差が生じました。選挙区比較において、有権者の数が多ければ多いほど、一票の価値が下がります。較差の是正（解消）に向けた国会の立法対応が遅く、選挙（区）制度の根本的な見直しに向けた議論が滞っていることが問題です。

あるグループ（8名）が、1枚のピザを切って食べようとしています。メンバーの一人がナイフを持って順に切っていき、8つに分けようとするのですが、ナイフの入れ方が拙く、一切れの大きさがすべてバラバラ（不等分）になってしまいました。

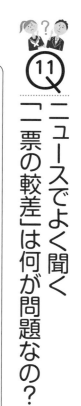

最も大きな一切れと最も小さな一切れでは、2倍くらい大きさが違います。8切れあるので、一人一切れずつ、全員が手にして食べることはできますが、最も小さな一切れに当たったメンバーは、これで納得するでしょうか。我慢して食べるべきでしょうか。そもそも、どういう切り方をすべきだったのでしょうか。

一票の較差が生じる背景

公職選挙法第13条第1項は「衆議院（小選挙区選出）議員の選挙区は、別表第一で定め、各選挙区において選挙すべき議員の数は、一人とする」と定めています。そこで、別表第一をみると、北海道1区から沖縄4区まで、全国289の小選挙区についてその地域（地名）が詳細に記されています。

問題の根源は、289の小選挙区における有権者の数が相異なることです。第49回衆議院議員総選挙（2021年10月31日執行）・小選挙区選挙において、最少の鳥取1区では23万0962名（投票日当日基準）、最多の東京13区では48万1099名（同）で、2・08倍の較差が生じていました。当選する議員は同じ1名であるため、有権者の数が少ない方が投票の価値が相対的に高くなってしまいます。逆に、有権者の数が多い方が、投票の価値が相対的に低くなってしまうのです。

一票の価値でみた場合、鳥取1区の有権者は「1票」の価値を持っていても、東京13区の有権者は「0・48票」の価値しか持たないことになります。小数を含ませることは妥当ではありませんが、人口比例に徹するならば、東京13区からは「2・08名」の議員を当選させなければ釣り合いません。現状は、法の下の平等（憲法第14条第1項）に反することは明らかです。

ここで注意を払うべきは、一票の較差は、鳥取1区と東京13区の有権者だけの問題ではないという点です。鳥取1区を除く、残り288の小選挙区の有権者は、東京13区を先頭に、多かれ少なかれ投票の価値が低い（つまり、実質的に1票に達していない）のが現実です。

衆議院よりも較差が大きい参議院

公職選挙法第14条第1項は「参議院（選挙区選出）議員の選挙区及び各選挙区において選挙すべき議員の数は、別表第三で定める」と定めています。別表第三は、北海道選挙区6名にはじまり、沖縄県選挙区2名まで、都道府県選挙区と合同選挙区（鳥取・島根、徳島・高知）の議員の定数（3年ごとに半数改選のため、実際はその半分）が示されています。

衆議院小選挙区と同様、参議院都道府県・合同選挙区においても「選挙区において議員1名を当選させるための有権者の数が相異なる」という問題があり、より深刻です。第26回参議院議員通常選挙（2022年7月10日執行）において、最少の福井県選挙区では定数2（改選1）で有権者数63万5127名（投票日当日基準）、最多の神奈川県選挙区では定数8（改選4）で有権者数769万6783名（同）であったため、3・03倍の較差が生じていました。

福井県の有権者は「1票」の価値を持っていても、神奈川県の有権者は「0・33票」の価値しか持っていないことになるのです（人口比例に徹すれば、改選数は3・03倍の12・1名でないと釣り合いません）。衆議院小選挙区における一票の較差と同様、福井県選挙区と神奈川県選挙区の問題ではなく、福井県を除く、残り46都道府県の有権者は、神奈川県を先頭に、多かれ少なかれ投票の価値が低い点に注意してください。

ちなみに、47都道府県で人口最少の鳥取県は、隣の島根県との合同選挙区（合区）となっており（定数2、改選1）、2県の有権者の合計は101万9771名となっています（投票日当日基準）。神奈川選挙区との較差は1・89倍でした。

以上のとおり、衆議院小選挙区、参議院都道府県・合同選挙区のいずれにおいても、選挙区は人口を基準に均等割になっていません。冒頭の「ピザ切り事例」になぞえば、一切れの大きさがすべて異なっています。大多数の有権者の「1票」が、実際の価値は「1票未満」である中で、議会制民主主義の礎が固まってしまっているのです。

なお、公職選挙法の一部を改正する法律（2022年11月28日法律第89号、いわゆる10増10減法）により、衆議院小選挙区において東京5増、神奈川2増、千葉・埼玉・愛知1増、新潟・宮城・福島・滋賀・和歌山・岡山・広島・山口・愛媛・長崎1減の定数変更がなされ、最大較差は1・999倍となりました。しかし、その後の人口変動による較差の再拡大は避けられません。

選挙制度をどうするか、根本的な議論が必要

一票の較差の問題は、投票用紙の枚数という形式的で目に見えるものではなく、実質的な価値を問うため、一体何が問題なのか（問題視しなければならないのか）わかりづらい面があります。特に、年代が上の層になればなるほど、過去の選挙（投票）制

度も体験し、一票の較差があることで特段、不利益を感じたことがないなどの理由で、意識、関心が乏しい傾向にあるように思います。

確かに、形式的には「一人一票」で、すべての有権者が「平等」に、1枚の投票用紙に投票意思を託していることには変わりません。しかし、大多数の有権者が実質「1票未満」の投票しかしていない中、選挙結果の確定後、選出された議員による法律の制定・改正、内閣総理大臣の指名などの権限行使が行われていけば、真の多数意思とは、どんどんかけ離れた統治システムが運用されてしまいます。

身近な例では、クラスで何かを多数決で決定する際、A君1票、Bさん0・8票、C君0・6票、Dさん0・4票などの不平等があれば、公正な結果が得られるとは到底いえません。全員が平等の「1票」を行使してこそ、民主主義が成り立ちます。

未来を担うみなさんには、一票の較差(投票価値の不平等)の問題を根本的に解決する選挙制度改革の旗振り役となることを期待します。あえて付言すれば、選挙区割りだけで解決がおぼつかない場合には、議員の数を増やすことも選択肢から外すべきではありません。

Q12 18歳選挙権はいつ実現したの？

A 選挙権年齢は、1945年12月以降「20歳以上」と定められてきましたが（衆議院議員選挙法、公職選挙法）、国民投票権年齢を「18歳以上」と定める国民投票法の制定（2007年5月）が契機となり、より若い世代の政治参加を可能とするため、揃って18歳に引き下げられました。18歳選挙権法は2015年6月19日に公布され、1年後の2016年6月19日に施行されています。国政選挙では、第24回参議院議員通常選挙（2016年7月10日執行）に初めて適用されました。

選挙権年齢は、1945年12月、完全な普通選挙制の導入によって「20歳以上」となりました。長い間「20歳選挙権」の制度に馴れてきた日本ですが、20世紀後半以降、海外では「18歳選挙権」を採用する国が増え、すう勢となっていきました。中には、デンマークのように選挙権年齢を引き下げることの賛否を問う国民投票を段階的に実施して、「18歳選挙権」を実現した国もあります。日本では、若者の政治参加を保障する観点から、法改正の必要性がしばしば説かれていましたが、決定的な動きには繋がらない状況が続いていました。

契機となった国民投票法の制定

そんな中、２００５年に入ると、国会では国民投票法の制定が一つの政治テーマとなり、制度設計をどうすべきか、与野党間の合意形成が始まりました。当時注目されたのが、憲法改正国民投票の有権者となる年齢（国民投票権年齢）を18歳以上とすべきか、20歳以上とすべきか、という論点でした。当時の与党（自民党、公明党）は、選挙権年齢などとの整合性を図る理由で「20歳以上」を主張していましたが、野党（民主党など）は、より若い世代の政治参加を可能とするために「18歳以上」とし、選挙権年齢、民法の成年年齢なども合わせて引き下げるべきと主張し、対立していました。

与野党が合意点に近づくきっかけとなったのは、２００５年から06年にかけて行われた国民投票制度の海外調査（現地視察）でした。訪問した国のすべてが、国民投票権年齢、選挙権年齢をともに18歳以上と定めていたのです。18歳が「世界標準」という評価が日本の国会で定着したのもこの頃です。最終的に、与党側が野党側に譲歩する形で、「18歳国民投票権」とすることで合意が整い、国民投票法が制定、公布されました(2007年5月18日)。そして、3年後の施行日(2010年5月18日)までに公職選挙法、民法なども改正し、18歳基準で統一することを目指したのです。

紆余曲折を経て実現した「18歳選挙権」

国民投票法の制定を契機に、法律上は18歳基準を本格的に採用する目論見でしたが、想定どおりには進みませんでした。

図をご覧ください。国民投票権年齢は、法の施行日を迎えて、18歳以上なのか20歳以上なのか、解釈が確定しない状況に陥ってしまいました。細かい説明は省きますが、施行までの「前提条件」としていた公職選挙法の改正(選挙権年齢を20歳以上から18歳以上へと

選挙権年齢、国民投票権年齢の推移

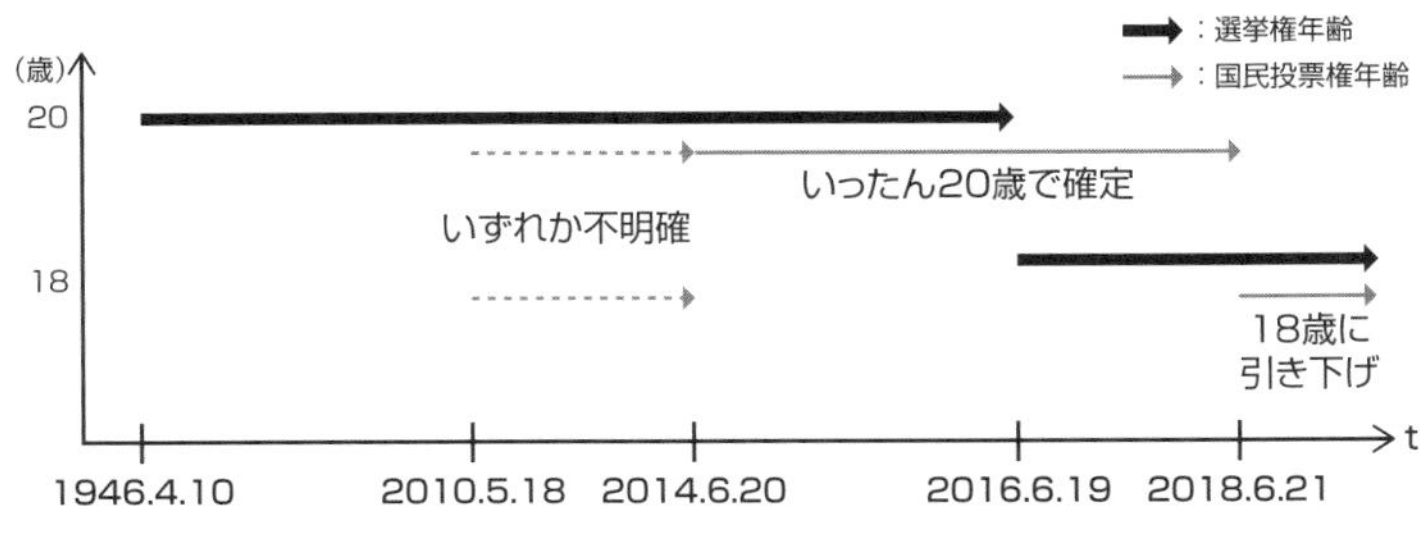

引き下げる)、民法の改正(成年年齢を20歳から18歳に引き下げる)などの諸法律の改正が行われなかったためです。

国民投票権年齢が確定しなければ当然、有権者の範囲が確定しないので、憲法改正国民投票を執行することができません。したがって、当時は国民投票権年齢を確定させることについて立法上の優先順位が高くなり、いったん「20歳以上」と確定させつつも、4年後には「18歳以上」と自動的に引き下げ、その4年間で、前記の公職選挙法改正、民法改正などを実現することとしたのです。

結果として、国民投票権年齢は2014年6月20日に「20歳以上」となり、2018年6月21日に「18歳以上」となりました。そして選挙権年齢に関しては、18歳選挙権法が2015年6月19日に公布され、1年後の2016年6月19日に施行されています。国政選挙では、第24回参議院議員通常選挙(2016年7月10日執行)に初めて適用されました。

法整備は必ずしも順調に行われたわけではなく、構想検討から10年余を要しました。もし、国民投票法の制度設計の際に「20歳国民投票権」という方針を固めていたら、「18歳選挙権」の実現も20年、30年という単位で遅れてしまっていたかもしれません。

13 有権者となるための手続きは必要なの？

A 有権者となるための手続きは、不要です。18歳以上の者で、市区町村の住民票が作成された日（他の市区町村から転入した者は、転入届をした日）から引き続き3か月以上、その市区町村の住民基本台帳に記録されているものは、職権で、選挙人名簿に登録されます。

有権者の年齢要件は、18歳以上であることですが（公職選挙法第9条第1項第2項）、権利を行使するためには、市区町村の選挙人名簿に登録されることが必要です。市区町村の住民票が作成された日、または他の市区町村から転入した場合は、転入届をした日から引き続き3か月以上、その市区町村の住民基本台帳に記録されている者は、職権（申請不要）で、選挙人名簿に登録されます（公職選挙法第21条第1項）。

さらに、①旧住所地における住民票の登録期間が3か月以上である17歳の者が、転出後4か月以内に、新住所地において18歳となったものの、新住所地における住民票の登録期間が3か月未満である場合、②旧住所地における住民票の登録期間が3か月以上である18歳以上の者が選挙人名簿に登録される前に転出をしてから4か月以内で、かつ新住所地における住民票の登録期間が3か月未満である場合にも、職権で、新住所地の選挙人名簿に登録されます(公職選挙法第21条第2項)。

18歳といえば、高校を卒業し、進学、就職等の理由で、転居をする方が多くいます。この点、選挙人名簿は、毎年3月、6月、9月、12月の3か月に一度(各1日付)、定時登録が行われ、さらに選挙の際にも随時登録が行われますが(公職選挙法第22条、公職選挙法施行令第13条)、名簿登録、新住所地への転入届のタイミングの先後関係によって、「3か月以上」という居住要件を充たさず、選挙人名簿の登録がなされない(つまり、制度の空白によって投票できない)事態は避けなければなりません。第2項は、それを救済するための規定です。

選挙人名簿にいったん登録されると、抹消されない限り永久に有効です。それ故に「永久選挙人名簿」とも呼ばれます。

昔は「申請」が必要だった

50年以上前の話題になりますが、住民基本台帳（法）が無い時代においては、20歳になったら選挙人名簿に登録するための申請手続きを行う必要がありました。当時は、20歳になれば自動的に選挙人名簿に登録され、投票所入場券が自宅に届くと誤解していた方も少なくなかったようです。成人式の会場で、自治体の職員が新成人に対して選挙人名簿への登録を呼びかけたり、自治体の広報紙で注意を喚起していました（成人式発祥の地として知られる埼玉県蕨市の『広報わらび』昭和44年1月号4頁にも、登録の呼びかけが記載されています）。

住民基本台帳から選挙人名簿に自動的に登録される現行システムは、公職選挙法の一部を改正する法律（1969年5月16日法律第30号）の施行を受けてでき上がりました。

当時に比べれば、申請手続きが不要になった分、便利になったと言えます。しかし、その分、有権者となる実感が薄れてしまった面も否定できません。

Q14 クオータ制ってなに？

A クオータ制（Quota System）とは、特定の組織、機関において、社会の少数派の中から一定の比率で人数を割り当てる制度のことです。日本では２０１８年、政治分野での女性の参画を推進するため、「政治分野における男女共同参画の推進に関する法律」（候補者男女均等法）が制定され、運用が始まっています。もっとも、法律の基本的枠組みとして、政党による自主的な取組みに任されている（努力義務が課されるにとどまる）などの問題があり、根本的な解決には至っていません。

いわゆる婦人参政権の実現を伴い、普通選挙制が完全な形で導入されたのは１９４５年のことです。選挙権の行使において女性・男性の性差は解消されましたが、80年近く経過した現在、被選挙権を行使して議員ないし首長に就く女性は、なお少数であり、実質的な意味での性差は残っています。

国会を見ても、衆議院議員４６５名中、女性議員は46名（９・９％）、参議院議員

248名中、女性議員は64名(25・8%)にとどまります(2023年1月1日現在)。都道府県知事では、山形県・吉村美栄子知事、東京都・小池百合子知事の2名しかいません(4・3%、同日現在)。都道府県、市区町村の議会は地域差がありますが、女性議員の割合が1割を切るものが目立ちます。一人もいないという議会も珍しくありません。

代議制民主主義の下で、女性の議員、首長の数が少ない(割合が低い)と、女性の立場から発せられる政治的意見が政策(法律、予算)に反映されにくくなり、少数派のまま据え置かれて(取り残されて)しまいます。もっとも、近年は、女性議員(候補者)が以前よりは増えてきたこともあり、特に「貧困」との関連でシングルマザーと子育て支援、生理の問題などが広く語られるようになりました。メディアの後押しもあり、女性議員の数が僅かに増えるだけでも、政策論議のテーマが変わり得ることが徐々に実感され始めています。

社会に埋もれたまま、男性目線が中心では焦点が当たりづらいテーマを、タブーなく、地道に解決していくために、今後も女性の政治参加をさらに推進していく必要があります。

候補者男女均等法の成果

日本では、政治分野における男女共同参画の推進に関する法律（候補者男女均等法）が２０１８年5月23日に公布、施行されました。「政治分野における男女共同参画を効果的かつ積極的に推進し、もって男女が共同して参画する民主政治の発展に寄与すること」を立法目的とし（第１条）、「男女の候補者の数ができる限り均等となること」を基本原則と定めています（第２条第１項）。

しかし、その実践の担保としては、「政党その他の政治団体が自主的に取り組むよう努める」（第４条）と努力義務を定めるにとどまり、結果として候補者が男女同数にならなかったとしても、法的ペナルティは何もありません。候補者男女均等法の施行後に行われた、衆議院議員の総選挙（２０２１年10月）、参議院議員の通常選挙（２０１９年7月、２０２２年7月）を経ても、候補者数の性差を無くす取組みが精いっぱいで、均等に「当選」させるには程遠い現状です。

もっとも、候補者を男女均等とすることを法的義務に格上げし、厳格な責任を負わせることは、実効性の担保にはなっても「逆差別に当たる」との批判を招きかねません。当面は、政党、政治団体の運用上の課題として、数値目標をより具体化（公約化）し、遵守させるなどの取組みが求められます。

女性候補者を増やす環境づくり

女性の議員、首長を増やすには、個人の決意、努力も不可欠ですが、その前提として、候補者にエントリーするための環境づくりの必要性を認識し、社会が一体となって取り組む必要があります。

特定の選挙に立候補する意思を固め、様々な準備活動を重ねていたものの、直前になって「最終的に、家族の賛成を得られなかった」「周囲の反対を押し切れなかった」と、断念するケースがしばしば見られます。立候補断念事例は、男性よりも女性に生じやすい、というのが筆者の実感です。選挙の諸準備を含めた政治活動のボリュームが、今までの男性中心の相場観で動く（動かされる）ことが多々あるため、いざ当事者として身を置いてみると、その苦労が自分だけでなく、家族などを巻き込み、物心両面の負担を及ぼしてしまうのです。政治活動に対する価値観も変化していることを、周囲が冷静に受け止め、サポートする必要があります。

さらに、いわゆる「票ハラ」（投票ハラスメント）を絶つことも不可欠です。街頭演説を行う女性候補者が、執拗に握手をされたり、性的な内容を含む言辞を投げかけられたり、中にはSNS等を通じて携帯電話番号などの連絡先を尋ねられたり、関係を強要されたりするなどの事例が後を断ちません。候補者として、有権者に自らへの投票をお願いをする立場にあり、強く断りづらい境遇にあることを利用した、悪質な嫌がらせです。

　内閣府男女共同参画局も公式YouTubeチャンネルの中で啓発用動画を公開しており、社会問題として共有されつつあります。しかし、票ハラを受けた相談窓口が無かったり、政党役員が男性ばかりで相談がしづらい(できない)、という構造的な問題も残

内閣府男女共同参画局公式YouTube

※https://www.youtube.com/watch?v=PjLN17TKmwY&t=11s

されています。選挙の際の特有の現象ではなく、日常的に抱いている差別的意識が露呈している点に鑑み、有権者一人ひとりの意識改革が不可欠です。

アジアにおけるクオータ制

日本の近隣にも、クオータ制を採用している国・地域があります。

韓国の国会（一院制、定数３００）議員の選挙は、小選挙区（定数２５３）と比例区（定数47）の並立制ですが、法律上、小選挙区選挙では全選挙区の30％以上に女性を擁立することが努力義務とされています。

小選挙区選挙で一定数以上の女性候補者を公認した政党に対しては、国から「女性公認補助金」が支給されます。また、比例区選挙では、各党が名簿に登載する候補者は、女性が50％以上でなければならず、奇数順位（一位、三位…）に女性を必ず割り当てなければなりません。

台湾では、２００５年6月10日の第7次憲法修正により、立法院（一院制、定数１１３）の比例代表選挙（定数34）において、各党当選名簿の女性立法委員の割合が50％以上でなければならないことが定められました（修正第4条第2項）。各党の当選者のうち、女性の割合が50％未満である場合、他党の落選した女性候補者のうち得票が多かった者が当選します。

〔参照条文〕

政治分野における男女共同参画の推進に関する法律（２０１８年６月16日法律第28号）

第２条【基本原則】

① 政治分野における男女共同参画の推進は、衆議院議員、参議院議員及び地方公共団体の議会の議員の選挙において、政党その他の政治団体の候補者の選定の自由、候補者の立候補の自由その他の政治活動の自由を確保しつつ、男女の候補者の数ができる限り均等となることを目指して行われるものとする。

② 政治分野における男女共同参画の推進は、自らの意思によって公選による公職等としての活動に参画し、又は参画しようとする者に対するこれらの者の間における交流の機会の積極的な提供及びその活用を通じ、かつ、性別による固定的な役割分担等を反映した社会における制度又は慣行が政治分野にお

ける男女共同参画の推進に対して及ぼす影響に配慮して、男女が、その性別にかかわりなく、その個性と能力を十分に発揮できるようにすることを旨として、行われなければならない。

③　政治分野における男女共同参画の推進は、男女が、その性別にかかわりなく、相互の協力と社会の支援の下に、公選による公職等としての活動と家庭生活との円滑かつ継続的な両立が可能となることを旨として、行われなければならない。

④　政治分野における男女共同参画の推進は、政党その他の政治団体が自主的に取り組むほか、衆議院、参議院及び地方公共団体の議会並びに内閣府、総務省その他の関係行政機関等が適切な役割分担の下でそれぞれ積極的に取り組むことにより、行われるものとする。

第４条【政党その他の政治団体の努力】

政党その他の政治団体は、基本原則にのっとり、政治分野における男女共同参画の推進に関し、当該政党その他の政治団体に所属する男女のそれぞれの公職の候補者の数に係る目標の設定、当該政党その他の政治団体に所属する公職の候補者の選定方法の改善、公職の候補者となるにふさわしい能力を有する人材の育成、当該政党その他の政治団体に所属する公選による公職等にある者及び公職の候補者についての性的な言動、妊娠又は出産に関する言動等に起因する問題の発生の防止及び適切な解決その他の事項について、自主的に取り組むよう努めるものとする。

第９条【性的な言動等に起因する問題への対応】

国及び地方公共団体は、政治分野における男女共同参画の推進に資するよう、公選による公職等にある者及び公職の候補者について、性的な言動、妊娠又は出産に関する言動等に起因する問題の発生の防止を図るとともに、当該問題の適切な解決を図るため、当該問題の発生の防止に資する研修の実施、当該問題に係る相談体制の整備その他の必要な施策を講ずるものとする。

第3章

選挙運動と投票・開票

15 Q 街頭演説って「24時間」やってもいいの？

A 選挙運動には、一日中できるものと、時間の制約を受けるものがあります。SNS上の発信、選挙運動用メールの配信などは何時でも構いませんが、街頭演説は「午前8時から午後8時まで」という制約があります。

選挙運動とは、法律上の定義はありませんが、判例・実務の上で「特定の選挙について、特定の候補者の当選を目的として、投票を得または得させるために直接または間接に必要かつ有利な行為」とされています。

古今東西、選挙運動の中核を占めるのは、街頭演説です。特に駅入口で行われるものを「駅立ち」、大型商業施設の前やその他人通りの多い場所で行われるものを「スポット演説」と呼んだりします。移動しながら演説を繰り返すことを「遊説」と呼ぶこともあります。

街頭演説には、多くの規制がかかっています。まず、街頭演説の場所には、標旗（候補者○○による街頭演説であることを明記)を立てなければなりません(公職選挙法第164条の5第1項第1号、同条第2項)。違反すると、2年以下の禁錮または50万円以下の罰金に処せられます(第243条第1項第8号の4)。さらに、選挙運動員(選挙運動に従事する者)は、街宣車の運転手を除き、15名までとされています(公職選挙法第164条の7第1項)。運動員は、街頭演説において腕章を付けなければなりません(同条第2項)。腕章着用義務に違反すると、2年以下の禁錮または50万円以下の罰金に処せられます(第243条第1項第8号の6)。

午前8時から午後8時までという時間規制

公職選挙法第164条の6第1項は「何人も、午後8時から翌日午前8時までの間は、選挙運動のため、街頭演説をすることができない」と定めています。反対に解釈すると、街頭演説ができるのは、午前8時から午後8時までということになります。

「終日24時間」街頭演説を行うことはできません。また、同条第3項は、「選挙運動のための街頭演説をする者は、長時間にわたり、同一の場所にとどまってすることのないように努めなければならない」とも定めています。長時間、同一の場所で大音量の演説をすると近隣に迷惑がかかるので、適宜移動することを求めているのです。第1項の時間規制に違反した場合には、1年以下の禁錮または30万円以下の罰金に処せられます（第244条第1項第6号）。第3項は努力義務なので、違反しても罰則は科されません。

通勤・通学、帰宅の時間帯の駅立ち

以上は、公職選挙法が定める街頭演説規制ですが、実際にみなさんは、法律の規制から外れていると思われる情景を目にしたことがあるはずです。選挙の際には、午前6時くらいから、あるいは午後10時くらいまで、標旗も掲げず、ずっと駅入口付近に立っている候補者の姿があります。

この通勤・通学、帰宅の時間帯の駅立ちですが、「おはようございます」「こんばんは」「いってらっしゃい」「お帰りなさい」の挨拶ないし声かけであり、街頭演説には当たらないというのが実務上の解釈、運用です。規模の大きな選挙になると、駅入口の狭いエリアにいくつもの候補者陣営が乱立することもあり、威圧的な雰囲気さえ醸し出すこともあります。

最近は、立候補の届出はするものの、街頭演説はほとんど行わず、SNS上の投稿に注力する候補者も珍しくありません。そもそも、街頭演説は法律上の義務ではないことや、特に夏場の選挙運動期間では長時間立ち続けることによる体力の消耗、負担（候補者本人だけではなく、周囲の運動員も同様）が激しいことから、当然避けるべきという判断に傾きます。いずれ、「音がうるさい」「騒がしい」だけの選挙運動は、昔日のものとなるのでしょう。

16 Q 高校生でも選挙のボランティアはできるの？

A **一般論ですが、高校生でも選挙のボランティアは可能です（民法上の準委任契約）。ボランティア事務としては、選挙事務所内での証紙貼り、ハガキの仕分けや、街頭演説会場での撮影、配信の補助、個人演説会場での受付の補助など様々です。ただし、学校の校則に基づき、ボランティアを行うに当たり学校長の許可を要したり、契約の相手方（候補者）から保護者の同意を求められることもあります。**

政治的感性ないし素質を養うには、選挙の都度、投票に行くことはもちろん、日常の政治現象に対してアンテナを張って、具体的な関わりを持つことも有効です。特に、自分の関心、興味に当てはまる候補者が身近な選挙に立候補している場合には、ＳＮＳ上で繋がるだけでなく、距離感をさらに縮めて、コンタクトを取って政策談議に花を咲かせたり、当選に向けてボランティアとして参画することも有意義です。選挙を近くで見ると、感情を含めて人の動きを細かく観察することができます。決して損はしない人生経験となります。

一般論として、高校生でもボランティアは可能です。民法第656条の準委任契約（委任に準ずる契約）に該当し、受任者であるボランティアは「善良なる管理者の注意」を以て事務を処理し（第644条）、無報酬を原則とします（第648条第1項）。もっとも、無償のボランティアであるからといって、事務を雑に行い、相手方に損害を与えた場合には、その賠償を請求されることもあります。

成年が18歳に引き下げられこともあり（2022年4月1日）、18歳に達していれば親の同意なく「選挙ボランティア契約」を締結することができます。もっとも、学校の校則で、アルバイトはもちろん、ボランティア活動であっても、学校長の許可を要すると定められている場合などがあります。

また、高校在学中であるが故、契約の相手方（候補者）から保護者の同意を求められることもあります。選挙ボランティアに限らず、大雨・洪水、大規模地震の後の災害ボランティアなどでも、高校生がエントリーする場合には保護者の同意が求められる例も少なからずあります。

ボランティアでできること、できないこと

まず法律で禁止されていることを確認しますが、選挙では、18歳未満の者による選挙運動、18歳未満の者を使った選挙運動がそれぞれ禁止されています（公職選挙法第137条の2）。違反した者は、1年以下の懲役または30万円以下の罰金に処せられます（第239条第1項第1号）。年齢による画一的な線引きなので、注意が必要です。ただし、「選挙運動のための労務に使用する場合」は、除外されます（第137条の2ただし書）。

単純労務のボランティアとして考えられるのは（地域差もありますが）、①選挙事務所内での事務作業（街頭演説で配布するチラシに、選管が発行した証紙（シール）を貼り付ける、選挙運動用に投函するハガキの仕分け作業を行う）や、②街頭演説会場での撮影、動画配信の補助、③個人演説会場での受付の補助、などです。さらに、④投票日後の選挙事務所の後片付け、などもあります。規模の大きな選挙（運動）ほど、陣営の多くが慢性的な人手不足に陥っており、この意味でもボランティアの需要は探せばいくらでもあります。

Q17 ネットの選挙犯罪ってどんなものがあるの？

A ２０１３年の公職選挙法改正により、インターネットを利用した選挙運動が原則、解禁（自由化）となりました。選挙運動の方法が多種多元化し、かつ簡便になっている一方、気付かずに違反行為を犯してしまうリスクもあります。特に投票日当日、候補者のＳＮＳ上の書き込みをうっかり拡散すること（リツイートなど）がないよう、十分気を付ける必要があります。

Q15でも解説したとおり、選挙運動とは「特定の選挙について、特定の候補者の当選を目的として、投票を得または得させるために直接または間接に必要かつ有利な行為をすること」とされています。

従来の選挙運動は、街頭演説、個人演説会のほか、チラシの配布、ポスターの掲示といった「紙媒体」を中心に展開されてきました。その後、公職選挙法の一部を改正する法律（１９６９年6月23日法律第48号）の施行により、テレビの政見放送が始まり(以前はラジオのみ)、放送を通じた運動が普及しました。さらに、公職選挙法の一部を改正する法律(2013年4月26日法律第10号)により、インターネットを利用した選挙運動が原則、自由化されています(例外的に、禁止される行為は後述)。

かつては、「投票を呼びかける側」と「投票を呼びかけられる側」とに選挙運動の主体と客体が二分されていたものが、ネット選挙運動では誰でもその主体となり得ることとなり、その原則自由化は、若い世代を中心に運動態様を大きく変える原動力となりました。

ネット関係で禁止される行為

Q08で公職選挙法の全体構造を確認しましたが、別名「選挙べからず集」と呼ばれるほど、運動規制・罰則に関する多くの規定があります。ネット選挙運動は原則自由化されていますが、思わぬ「落とし穴」にはまることがないよう、例外として規制の対象となっている行為を覚えておく方が実用的です。表中特に、①と②に注意が必要です。その他、刑法上の犯罪として、名誉棄損罪(第230条)、侮辱罪(第231条)の成立可能性もあります。

ネット選挙運動の規制・罰則

罪となる行為	条番号	法定刑
①選挙運動期間外（公示・告示前、投票日当日）の投票勧誘（リツイート、選挙運動用電子メールの転送など）	第129条、第239条	1年以下の禁錮または30万円以下の罰金
②候補者、政党以外の者による選挙運動用電子メールの送信	第142条の4第1項、第243条第1項第3号	2年以下の禁錮または50万円以下の罰金
③有料ネット広告の掲載	第142条の6、第243条第1項第3号の3	2年以下の禁錮または50万円以下の罰金
④ウェブサイトの改ざんなど選挙の自由を妨害する行為	第225条第2号	4年以下の懲役もしくは禁錮、または100万円以下の罰金
⑤候補者に関する虚偽事項の公表	第235条第2項	4年以下の懲役もしくは禁錮、または100万円以下の罰金
⑥氏名等の虚偽表示（なりすまし）	第235条の5	2年以下の禁錮または30万円以下の罰金

利用者に向けられた訓示規定

公職選挙法第１４２条の７は「選挙に関しインターネット等を利用する者は、公職の候補者に対して悪質な誹謗中傷をする等表現の自由を濫用して選挙の公正を害することがないよう、インターネット等の適正な利用に努めなければならない」との訓示を定めています。

選挙の際、活発な政策議論、投票勧誘を行うことは、憲法第21条第1項【言論・表現の自由】の保障の範囲ですが、論評、評価の対象が公職の候補者であるからといって、何を言っても構わないわけではありません。特に、ＳＮＳ上の匿名アカウントは、一般的なマナー、常識を超えた言葉の選び方をすることがあります。選挙の公正さを確保するために、一人ひとりが「適正利用」を心がける必要があります。

Q18 ポスター掲示板に縦向きと横向きがあるのはなぜ？

A **選挙のポスター掲示板の各区画の大きさは、縦横42センチメートル以上とされています（公職選挙法第１４４条の２第６項）。これ以上の法的規制はなく、掲示番号の振り方は、運用（選挙管理委員会の判断）に任されています。掲示板の向きは、突き詰めると、顔写真と文字のレイアウトにも影響します。**

みなさんの地域で近々選挙が行われるとしたら、ポスターの掲示板をよく観察してみてください。「○年○月○日○○選挙ポスター掲示板」という表記には縦向きと横向きがあり、候補者がポスターを掲示する区画の番号が、縦に振られているもの、横に振られているもの、があります。

法律上、各区画は「縦・横42センチメートル以上」（公職選挙法第１４４条の２第６項）とされているだけで（最短である42センチ四方の区画とするものが主流）、区画番号を縦に振るか、横に振るか、という規制はありません。選挙管理委員会の判断（運用）

に任されており、地域によって異なります。

顔写真と文字のレイアウトへの影響

掲示板（A）は縦向き、掲示板（B）は横向きをイメージしています。

ポスター掲示番号は、公示（告示）日の立候補受付の際、各候補者陣営による「くじ引き」の結果によって定まります（公職選挙法第175条第3項）。SNS上でも「掲示番号が1番になりました」と、写真付きの投稿がなされることがあります。

「1番」という縁起の良さはもちろん、掲示場を通りすがる人が最初に目につきやすい位置が「1番」の区画であるという絶対的な優位性があります。行動心理として、縦向きであれば目線が「右上から左下へ」、横向きであれば「左上から右下へ」と移って

選挙ポスター掲示板の例

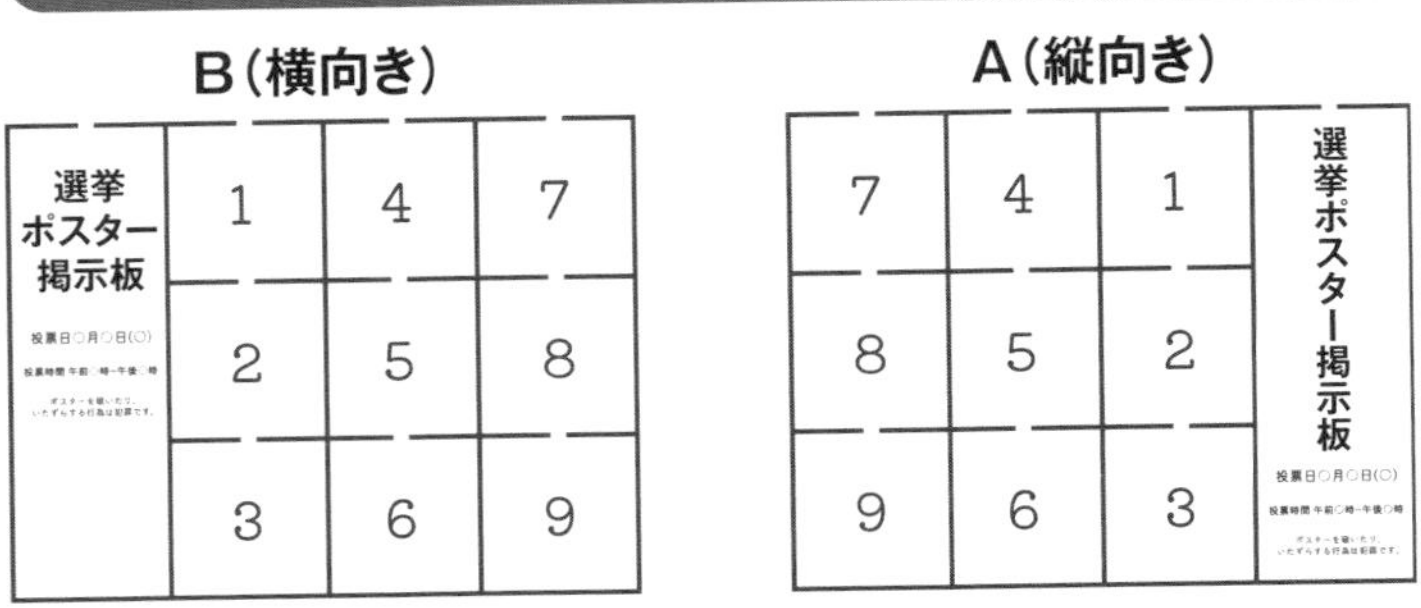

いくことから、自然と目に付くのは「1番」のポスターとなるのです。

また、このことは、候補者のポスターそのもののデザイン、レイアウトにも影響します。「氏名」と「顔」のどちらをアピールするか（面積比）にもよりますが、掲示板が縦向きであれば、ポスターも縦向きに揃えて、目線が右上から左下に移ることを前提にしたレイアウトにし、掲示板が横向きの場合は、ポスターも横向きに、目線が左上から右下に移ることを前提にしたレイアウトにするのが基本方則です。特に、候補者数が少ない選挙では、基本方則に従った方が、違和感なくポスターを見て（氏名と顔を認識して）もらえます。

もっとも、基本方則に従わず、縦向きの掲示板に横向きのポスターを掲示することで「逆に目立たせることができる」といった戦術も成り立ちます。この点は、字体、配色などを含め、上手く判断することが必要です。

ポスターには、「長方形」「ほぼ正方形」の二種類がある

候補者のポスターには、長方形（42センチメートル×30センチメートル）、ほぼ正方形（42センチメートル×40センチメートル）の二種類があります。一般的なのは、長

方形タイプのものですが、衆議院議員小選挙区、参議院議員選挙区、都道府県知事の選挙においては、ほぼ正方形のタイプのものになります。

幅10センチメートル分、何が違うのかといえば、前記3つの選挙については選挙運動期間中に行う「個人演説会」の開催告知（42センチメートル×10センチメートル以内）を合わせて行うことができる、とされているためです（公職選挙法第143条第1項第4号の3、同条項第5号、第11項、第12項）。ポスターをよく見ると、ごく小さな文字で、演説会の日時、会場が記載されているのを確認することができます。

参照条文・公職選挙法

第144条の2【ポスター掲示場】

① 衆議院（小選挙区選出）議員、参議院（選挙区選出）議員又は都道府県の知事

の選挙においては、市町村の選挙管理委員会は、第143条第1項第5号のポスター（衆議院小選挙区選出議員において候補者届出政党が使用するものを除く。）の掲示場を設けなければならない。
②～④ 略
⑤ 公職の候補者は、第1項の掲示場に、当該選挙に関する事務を管理する選挙管理委員会（参議院合同選挙区選挙については、当該選挙に関する事務を管理する参議院合同選挙区選挙管理委員会）が定め、あらかじめ告示する日から第143条第1項第4号の3及び第5号のポスターそれぞれ1枚を掲示することができる。この場合において、市町村の選挙管理委員会は、ポスターの掲示に関し、政令で定めるところにより、当該公職の候補者に対し、事情の許す限り便宜を供与するものとする。
⑥ 前項の場合において、公職の候補者1人が掲示することができる掲示場の区画は、縦及び横それぞれ42センチメートル以上とする。
⑦以下 略

19 Q 投票所の投票はどんな手順で行うの？

A 投票所（投票日当日、期日前）に行って、選挙人名簿の対照を受け（本人確認）、投票用紙の交付を受けます。投票記載台で、候補者名ないし政党・政治団体名を記載し、投票用紙を投票箱に投函すれば終了です。自治体によっては「投票済証」を受け取ることもできます。

選挙（国、地方）の公示、告示の後、みなさんの元（有権者世帯ごと）に「投票所入場券」（整理券）が郵送されてきます。公職選挙法施行令第31条第1項は「市区町村の選挙管理委員会は、特別の事情がない限り、選挙の期日の公示又は告示の日以後できるだけ速やかに選挙人に投票所入場券を交付するように努めなければならない」と定めていますが、衆議院が急に解散された場合など、郵送が遅れることもあります。

投票日当日は、投票所入場券を持って、指定された投票所に行ってください。投票所は原則、午前7時から午後8時まで開いています（公職選挙法第40条第1項本文）。

投票所入場券を名簿対照係に提示し、選挙人名簿の対照を受け（本人確認）、投票用紙の交付を受けます。投票記載台で、候補者名、政党・政治団体名を記載し、用紙を投票箱に投函すれば終了です。また、投票所入場券を持たなくても、本人確認が済めば、投票することが可能です（公職選挙法施行令第35条第1項）。

衆議院議員総選挙の場合、一回目で「小選挙区の投票用紙」、二回目で「比例区の投票用紙」「最高裁判所裁判官の審査用紙」の交付を受け、それぞれ投票します。投票所が空いていて、しかも投票先に迷わないのであれば、所要2分とかかりません。

期日前投票ができる事由

投票日当日に投票所に行けない場合は、期日前投票の制度を利用することができます。選挙の公示、告示の翌日から投票日の前日までの間、指定された場所で可能です。期日前投票ができる事由は、公職選挙法第48条の2第1項が定めています。

① 職務もしくは業務、または総務省令で定める用務に従事すること。
② 用務（前号の総務省令で定めるものを除く。）または事故のためその属する投

票区の区域外に旅行又は滞在をすること。

③ 疾病、負傷、妊娠、老衰もしくは身体の障害のためもしくは産褥にあるため歩行が困難であること、または刑事施設、労役場、監置場、少年院、少年鑑別所もしくは婦人補導院に収容されていること。

④ 交通至難の島その他の地で総務省令で定める地域に居住していること、または当該地域に滞在をすること。

⑤ その属する投票区のある市町村の区域外の住所に居住していること。

⑥ 天災または悪天候により投票所に到達することが困難であること。

第1号の「総務省令で定める用務」は、「葬式の喪主等冠婚葬祭の主宰をする者、その者の親族その他社会通念上これらの者に類する地位にあると認められる者が当該冠婚葬祭において行うべき用務」とされています（公職選挙法施行規則第15条の4）。第4号の「総務省令で定める地域」は、硫黄島その他の離島、山間部が指定されています（同規則第16条、別表第一）。

様式によりますが、投票所入場券（整理券）の裏面には、氏名、日付、期日前投票の事由として前記の①から⑥までのいずれかを選択し、記入する欄があります（宣誓書、公職選挙法施行令第49条の8）。投票所の混雑を避け、スムーズに投票を済ませるためにも、投票所に向かう前に予め記入しておくとよいでしょう。

投票済証を受け取るメリット

市区町村選管によっては、「投票済証」を発行しています。すべての投票が終わったところで、投票所のスタッフに声をかければ、無料で交付してくれます。地域によりますが、選挙の投票啓発、投票率向上キャンペーンの一環として、商店街で買物などをした際に投票済証を提示すると、割引サービスを受けられる場合もあります。筆者が選挙のたびに受け取るのは、投票の履歴として、記録（記憶）に残るからです。「残りの人生で、あと何回これができるか」と考えつつ、投票所を出たところで、投票済証の写真を撮影し、ＳＮＳに投稿することを励行しています。

Q20 投票用紙はどんな紙質なの？

A 現在、選挙で用いられているのは「ユポ紙」で、純粋な紙ではなくフィルムの一種です。折りたたんで投票箱に投函しても、中で自然に開くのが特徴です。

明治期に遡りますが、衆議院議員選挙法（１８８９年２月11日法律第３号）第38条第１項は、「投票用紙ハ各府県各々一定ノ式ヲ用ヰ当日投票所ニ於テ町村長ヨリ之ヲ各選挙人ニ交付スヘシ」と規定し、投票用紙の様式は各府県が定めるものとされていました。さらに、内務省令第29号（１９０１年10月７日官報掲載）は、投票用紙の様式を「程村紙」（栃木県那須烏山市）または「西ノ内紙」（茨城県常陸大宮市）とするよう定めています。当時は「五つ折」をして投函する方式でしたが、折っても丈夫で破れにくく、外部から透けにくい紙質であるために採用されました。

戦後、投票用紙の様式を定める公職選挙法施行規則の関連規定（第５号様式）は、１９５０年４月20日に定められ、その後も数次の改正を経て、現在に至っています。

「用紙は、折りたたんだ場合においてなるべく外部から文字を透視することができない紙質のものを使用しなければならない」との注が付されています。

2012年、全国共通の「ユポ紙」になった

現在、選挙の投票用紙として用いられているのは、「ユポ紙」(ユポは合成紙企業の名称)です。2012年の衆議院議員総選挙から全国で使用されています。質的には、純粋な紙ではなくフィルムの一種です。みなさんはまだ本物に触れたことがないかもしれませんが、滑らかな質感で、投票記載台で書き易く、筆圧が多少高くても、破れることはまずありません。

折りたたんで投票箱に投函しても、中で自然に開くのが特徴です。開票作業の際、開票箱を開披した後、手作業で投票用紙をめくらなくても、すでに開いているため、投票の分類がしやすく、効率性を向上させます。

筆者は今まで、選挙の開票立会人を何度も務め、束になった投票用紙を一枚一枚チェックする作業を経験しています。「ユポ紙」は滑りにくく、手指の皮膚にもダメージがない点を実感しています。

21 Q 開票の作業はどうやって行われているの？

A 開票は、市区町村ごとの開票所で行います。投票所から運ばれた投票箱を開披し、候補者ないし政党・政治団体ごとに分類します。束状態になっている投票用紙を一枚ずつ、計数係員2名の点検の後、開票立会人（複数名）、開票管理者も点検し、集計します。保存用の箱に、すべての投票用紙を詰め入れ、封緘すれば作業は終了です。

投票日当日、投票は午後8時に締め切られますが（公職選挙法第40条第1項本文）、すぐに開票作業を始めることはできません。投票箱を投票所から開票所へ移動させなければならないからです。

開票所では、午後8時までには、事務作業に関わる自治体職員その他のスタッフが集合しています。主要政党が届け出た開票立会人（公職選挙法第62条第1項、公職選挙法施行令第69条）も加わり、投票箱が到着するまでの間、開票管理者（公職選挙法第61条）が当日の作業の流れの説明、確認を行います。

投票箱が開票所に到着したら、開票管理者は開票立会人とともに、投票箱に「鍵が掛かっていること」を確認します。確認が終われば、投票箱が開披され、候補者ないし政党（政治団体）ごとの分類が手作業で始まります。この間、開票管理者、開票立会人は、投票箱の中が空になっていて、投票用紙が残っていないことを確認します。

投票用紙は、候補者、政党（政治団体）ごとに、束（輪ゴム留め）にされていきます。自治体によって異なりますが、筆者が開票立会人を務めたところでは、一束２００票という運用でした。銀行が札束を計算する時に使われる仕様と似ていますが、開票所にも選挙専用の「計数読み取り機」が持ち込まれ、分類作業と並行して読み取りが進んでいき、２００票ずつの束が積み上がっていきます。

仮に、有権者数20万、投票率50％とすると、10万人が投票したことになります。開票所には10万票の投票用紙が持ち込まれますが、一束２００票とすると、５００以上の束ができる計算となります。

計数機の読み取りだけではない

得票の計算に関してですが、計数機による読み取りだけで終わっていると勘違いした言説や、計数機の中に不正な仕掛けがなされていて、特定の政党等に有利に働くようになっているなどと、半ば陰謀論的に語られることがありますが、まったくの誤りです。

確かに、票束をまとめる際に計数機を用いますが、その後、投票の点検を行う職員2名が、一枚ずつめくりながら数をチェックしていきます（公職選挙法施行令第72条）。さらに、開票立会人、開票管理者も同じ作業を繰り返して点検し、大勢によるアナログ、ローテクな作業を含めて集計作業が完結するのです。政党が届け出た開票立会人は、複数名おり（最大10名・公職選挙法第62条第2項）、相互独立した立場でチェックが働いていることから、開票所で前記のような不正を行うことは不可能です。

投票の点検は、有効票にだけでなく、無効票についても行います。例えば、白票は、白票だけで束になっており、何も記載がなく、無効であることを確認します。すべての投票用紙の点検が終われば、保存用の箱に詰め入れ、封緘します。開票録に署名すれば、作業は完了です(公職選挙法第70条)。

開票の参観も可能

公職選挙法第69条は、「選挙人は、その開票所につき、開票の参観を求めることができる」と規定しています。投開票日、自宅で開票速報を見るのも悪くありませんが、地元の開票所で参観をすると、開票の手続きの始まりから終わりまで、長時間にわたる作業の様子を知ることができます。参観のエリアには、テレビ、新聞の各メディア関係者も詰めかけています。双眼鏡を掛けながら、各候補者の票束の数をリアルにチェックする姿も垣間見ることができます。

参観の申込方法は、選挙の際、選挙管理委員会(市区町村)が広報します。個別にメール等で問い合わせてみるのもいいでしょう。

Q22 開票が始まる前に「当選確実」が出るのはどうして？

A 過去の選挙結果を踏まえつつ、メディアが行う事前の情勢調査、投票日当日の出口調査などの結果をもとに、開票が始まらない段階で「当選（落選）」「獲得議席数」がかなりの確度で判定されています。各社は競って、第一報を報じます。

選挙の投票日は、基本的に「日曜日」に定められます。有権者による投票は、当日午後8時00分で締め切られます（公職選挙法第40条第1項本文）。衆議院議員総選挙、参議院議員通常選挙のような大型の選挙が行われた場合、テレビ・ラジオ各局は「開票特別番組」を放送します。午後8時00分を迎えた途端、各党の獲得議席予想が一斉に報じられる様子をご覧になったことがあるでしょう。また、国会議員の補欠選挙、都道府県知事の選挙の投票日においても、「現職の○○氏、○期目の当選確実」とのテロップが流れることがあります。政治、メディアの業界では（ごく狭い範囲ですが）、「ゼロ分当確」とか「ゼロ打ち」（速報を打つこと）と呼んだりしています。

「当選確実」とは中央選挙管理会（国）、選挙管理委員会（都道府県、市区町村）の公式発表ではなく、メディア各社の判断で報じられているにすぎません。とはいえ、投票が締め切られただけで、開票が始まっているわけではないので、「当選確実」と報じられることに違和感を覚える方も少なくありません。

リアルタイムで集計が進む「出口調査」

選挙について、メディアは常に結果の予想をし、必要な調査を行っています。過去の選挙結果を踏まえつつ、有権者に対して定期的に世論（情勢）調査を行い、一定の予測を立てているのです。選挙運動期間中には、記者自らが候補者の街頭演説、個人演説会に出かけていって、どれくらいの人が参加しているか、反応は好意的か消極的か、支持を固めているかなど、ある程度数値化しながら、チェックしています。選挙取材を主要な候補者すべてに対して行うことで、候補者どうしの比較も可能となります。選挙運動期間の序盤、中盤、終盤の各段階で、その優劣がリアルに可視化されるわけです。

報道では一般に、候補者の氏名が優位な順に並んでいます。「優勢に立つ」「大きく引き離す」「先行する」「猛追する」「横一線に並ぶ」「支持拡大に懸命」「知名度浸透が課題」など、選挙情勢報道ではよく見られる表現ですが、これらの微妙な言い回しの違いを受け止め、各候補者の勢いを感じ取りながら、投票先を固める有権者も当然います。様々な判断をもたらすので、報道が有権者の投票行動に一定の影響が及ぼすことは否定できません。最終情勢を踏まえ、「当確確実」を報じるのに最も効果的なのが、投票日当日ないし期日前投票の期間中、投票所の前で、放送・新聞・通信の各メディアが行う出口調査です。出口調査員が、投票を済ませた有権者に調査の協力を申し出て（あくまで任意で、義務ではありません）、いくつかの調査項目に回答してもらう方法が採られます。現在はタブレット型通信端末への入力が主流で、その質問項目は、回答者の属性（年齢、性別など）にはじまり、「誰に投票しましたか」「どの政党を支持しますか」「投票先を決めるのに何を重視しましたか」「政府のコロナ対策を評価しますか」「憲法改正に賛成ですか、反対ですか」といった内容になります。回答データが送信されると、報道センターに情報が集約され、リアルタイムで情勢が把握できる仕組みです。投票日当日、選挙報道に従事するメディア関係者は、競馬のレースのような感覚で、「誰が勝つか」「いま、何ポイント差か」を随時、裏でこっそり見ているのです。

出口調査は、インターネットや携帯電話がない時代にも行われていました。調査員が紙のアンケート票で回答された結果をまとめて、投票所近くの公衆電話から定時に連絡を入れたり、地方支局から別のスタッフがアンケート票を取りに来て、持ち帰って集計するなどして対応していたのです。今から思えば、じつにアナログ、ローテクな方法を取っていたものです。昨今のＩＣＴの発達は、情勢報道の即時性、正確性の向上をもたらした、決定的な要因といえます。なお、実際の投票先など、意図して異なる回答をしたとしても、統計上は誤差の範囲内です。

各社が「当確打ち」のスピードを競う理由

メディア各社は、他社に先駆けて「当選確実」を打とうと競っています。メディア界の慣例ですが、一番初めに「当選確実」を打った報道機関に、当選を果たした候補者にインタビューを行う権利が与えられるからです。一般の有権者、視聴者には関係ありませんが、ある意味、メディアの面子を懸けた争いが、繰り広げられているのです。「当選確実」を打った後、実際にその候補者が落選したというケースが過去に何度もあります。家族や関係者に多大な迷惑をかけるので、ただの誤報では済まされません。時間的早さを意識するあまり、正確性を犠牲にすることは厳に慎むべきです。

Q23 学校の模擬選挙・投票で気を付けることは？

A **模擬選挙・投票は、選挙の意義、投票の手順などを体感する絶好の機会です。この際、学校は、政治的に中立であることが求められますが、みなさん自身が中立である必要はないので、実際の投票選択（候補者選び）をイメージしながら参加しましょう。政策論議の場では、自分の考えに固執することなく、批判的に検証したり、違う意見を「聞き取る力」を養うことも大切です。**

各地の選挙管理委員会が協力し、高校で模擬選挙ないし模擬投票が実施される例が増えてきました。国・地方で争点となり、社会的に関心の高い政策テーマを取り上げ、討議を経た後、それぞれの生徒が実際の選挙で使用される投票記載台の前に立ち、実寸大の投票用紙に記載し、実物の投票箱に投函する体験は、有権者としての可能性の発見につながります。一票の価値を体感する機会ともなります。

とはいえ、あくまで模擬（真似事）として行われます。本来であれば、実際に行われる国・地方の選挙をベースにして、特定の政策を取り上げ、その是非に関して討議し、具体的な候補者名、政党名を記載して投票する方がリアリティを得やすいのですが、これには法律上の制約があります。

第一に、学校には、政治的中立性が求められることです。教育基本法第14条第2項は「法律に定める学校は、特定の政党を支持し、又はこれに反対するための政治教育その他政治的活動をしてはならない」と定めています。模擬選挙・投票を通じて、学校の教育活動として特定の候補者・政党、政策を支持したり、反対したりすることが同条項に抵触し、許されないのです。

第二に、18歳未満の者の選挙運動が禁止されていることです（公職選挙法第137条の2）。学校の内外を問わず一切禁止されますが、模擬選挙・投票であるとしても実際の選挙を題材にすると、抵触するリスクが高まります。また、18歳以上であっても、生徒が模擬選挙・投票のような教育活動の場を利用し、便乗して選挙運動を行うことは、前述の学校に求められる政治的中立性を害することにもなりかねません。

もっとも、みなさん自身が在学中、政治的中立性を求められているわけではなく、政治的素養を得ることにこそ意味があります。模擬選挙・投票においては、具体的な候補者名、政党名を思い浮かべながら投票すると実感が増します。この点を十分意識してください。

「論破・論駁《ろんぱく》」ではなく、相手の意見を聞き取る力を

模擬選挙・投票に限らず、学校生活全般にも通ずることですが、友人どうしで討論する場合には、相手の意見（特に対立し、異なる意見であっても）に十分に耳を傾け、聞き取る力を付け、お互いに尊重できる態度を身に付ける訓練の機会だと割り切ってください。

学問上の論争を本格的に行う場合ならまだしも、相手を論破したり、論駁する行為は、選挙に際して投票意思を形成する場面では無意味です。「はじめに」でも述べたとおり、選挙は試験ではなく、知識・教養が問われているわけではありません。憲法第15条第4項は「選挙人は、その選択に関し公的にも私的にも責任を問はれない」と定めています。誰に投票しようと全くの自由であり、価値判断が異なれば、投票先も異なるのは当たり前のことなのです。

異なる意見を封殺したり、異なる立場を排除するのではなく、その存在を認め合う

ことに、民主主義を守り抜くための根本的な価値があります。価値判断として唯一つの選択しかなければ、その判断に従うだけになり、民主主義に則る必要が無くなってしまうのです。

投票機会をキャッチする

誕生日の偶然も重なりますが、高校3年生は在学期間中に少なからず、国、地方の選挙の投票の機会が訪れます。投票日が日曜日であるとしても、様々な事情、行事予定が重なり、投票所に足を運びづらいことがあります。期日前投票の制度があるにせよ、投票所、投票日時には限りがあり、都合が合う保証はありません。

金沢市内6大学における移動期日前投票所(大型バス巡回方式)

実施場所	実施日時(2021年10月)
金沢学院大学 3号館玄関前	25日(月)11:00～16:30
金沢星稜大学 本館正門前	26日(火)11:00～16:30
金沢大学 人間社会2号館玄関前	27日(水)11:00～13:00
金沢大学 自然科学本館正面玄関前	27日(水)14:30～16:30
北陸大学 太陽が丘キャンパス2号棟正面玄関前	28日(木)11:00～13:00
北陸大学 薬学キャンパス本部棟正面玄関前	28日(木)14:30～16:30
北陸学院大学 国際交流研修センター正面玄関前	29日(金)11:00～13:00
金沢美術工芸大学 本館棟玄関前	29日(金)14:30～16:30

(出典)総務省「第26回参議院議員通常選挙に向けての主権者教育の充実等に対する協力依頼について(総行管第272号)」(2022年5月16日)添付資料より抜粋。

住民票がある市区町村以外の地域の高校に通学している方にとっては、その通学ルート（近辺）に期日前投票所がないと、かえって不便な思いをします。自由時間が豊富にあるようで、実はそうともいえないのが、高校生活の実態だと思います。

近年、バスを使った「移動式期日前投票所」を高校、大学に巡回させる自治体が増えてきています。こうした機会があれば、ぜひ利用してください。表は、２０２１年10月衆議院議員総選挙の際に、石川県金沢市内の６大学を巡回した期日前投票所のスケジュールです。新型コロナ対策として、車内での投票は一人ずつ行われ、５５８名が投票を済ませています。

参照条文・教育基本法（２００６年12月22日法律第１２０号）
第14条【政治教育】
①良識ある公民として必要な政治的教養は、教育上尊重されなければならない。
②法律に定める学校は、特定の政党を支持し、又はこれに反対するための政治教育その他政治的活動をしてはならない。

第4章

国民投票のしくみ

24 Q 憲法改正の手続きはどうなっているの？

A 憲法第96条が改正手続きの骨格を定めています。憲法改正の発議は、国会の権限です。国会発議の日から60～180日以内に国民投票が行われます。具体的に、①国会が憲法改正の発議をするまでの手続きは「国会法」が、②発議の後、国民投票が行われ、結果が確定するまでの手続きは「国民投票法」が、それぞれ定めています。日本ではまだ実経験がありませんが、国民投票までは想像以上に長いプロセスを経ます。

Q01でも触れましたが、憲法第96条の規定を改めて確認しておきましょう。

第96条（憲法改正の発議、国民投票及び公布）
① この憲法の改正は、各議院の総議員の3分の2以上の賛成で、国会が、これを発議し、国民に提案してその承認を経なければならない。この承認には、特

別の国民投票又は国会の定める選挙の際行はれる投票において、その過半数の賛成を必要とする。

② 憲法改正について前項の承認を経たときは、天皇は、国民の名で、この憲法と一体を成すものとして、直ちにこれを公布する。

第1項は、衆参両院「総議員3分の2以上」の賛成を以て、国会が憲法改正の発議をし、国民の承認を経なければならないことと、その承認には、国民投票で過半数の賛成を必要とすることを定めています。第2項は、承認された憲法改正について、天皇が公布することを定めています。

しかし、憲法第96条は手続きの骨格を示すだけで、その具体的な内容は国会法、国民投票法が定めています。両法が定める内容を補いながら、手続きを項目順に整理したのが次の表です。Sは「Stage」を示し、S22までの段階があります。

◉憲法改正の手続　―衆議院先議・参議院後議の場合―

段階 Stage	項目	備考
S0	国民投票法の制定	2007年5月14日成立、18日公布
S1	各党個別による、憲法改正項目の検討	↑現在の段階
S2	各党共同による、憲法改正項目の協議	"多人多脚走"のスタートライン
S3	憲法改正原案の起草	議員との協議を踏まえ、法制局が担当
S4	各党の了承手続	修正点があればS2・S3に戻る
S5	憲法改正原案の共同提出	・内容関連事項ごとに区分 ・議員100名以上の賛成
S6	衆議院本会議における趣旨説明、質疑	
S7	衆議院憲法審査会における審査	〔複数の会期を跨ぐことを想定〕
S8	衆議院憲法審査会における採決	出席議員の過半数
S9	衆議院本会議における審議	憲法審査会長報告、討論
S10	衆議院本会議における採決	・総議員の3分の2以上（310名以上）の賛成 ・欠席、棄権は「反対投票」と同じ意味
S11	参議院本会議における趣旨説明、質疑	

S12	参議院憲法審査会における審査	
S13	参議院憲法審査会における採決	出席議員の過半数
S14	参議院本会議における審議	憲法審査会長報告、討論
S15	参議院本会議における採決	・総議員の3分の2以上（166名以上）の賛成 ・欠席、棄権は「反対投票」と同じ意味 ・複数の会期に跨った場合は、参議院本会議における採決（S15）の後、衆議院に送付される。その会期内、衆議院の再度の議決により、憲法改正の発議（S16）となる。
S16	憲法改正の発議	同時に、国民への提案とみなされる。
S17	国民投票の期日の議決	発議と同じ日を想定
S18	憲法改正案の公示、国民投票期日の告示	発議当日の官報（特別号外）掲載を想定
S19	国民投票運動	並行して、国会の「国民投票広報協議会」が活動する
S20	国民投票の期日	期日前投票、不在者投票、在外投票も可能
S21	憲法改正の成立	投票総数の過半数
S22	憲法改正の公布・施行	・公布は「直ちに」行われる ・多人多脚走（S2）の終了

S0は、国民投票法の制定です（2007年5月14日）。憲法改正の発議までの議事手続きを定める国会法の改正を含む内容です。そもそも法律が無ければ手続きは始まらない（始められない）という意味でゼロの段階です。この時点で、憲法の施行（1947年5月3日）からすでに60年が経っています。

S1は、各党が個別に憲法改正の項目を検討する段階です。自民党は、国の緊急事態下における国会議員の任期の延長を明文化する案などを提示しています。日本維新の会、国民民主党も独自の改正案をまとめています。現在はこの段階です。

S2は、各党が共同して憲法改正の項目を協議する段階です。「総議員の3分の2以上の賛成」という発議の要件は一党だけでは超えられないので、項目を絞り込み、合意点を見出す必要があります。巷の運動会における、4人5脚走、5人6脚走のスタートラインに立った状況です。

S3は、S2で各党が合意した憲法改正の項目を、「改正の原案」として起草する段階です。法律の条文のような形式に整える作業となり、議員が行うのではなく、法制局（国会法第131条）が担当します。

S4は、S3で作成された憲法改正の原案について、国会審議を始める前に、各党の内部でその内容を了承する手続きです。

Ｓ５は、各党（会派）が共同して憲法改正原案を提出する段階です。Ｓ３の党内手続きを終えていることが条件です。憲法改正原案は、その内容ごとに区分して提出しなければなりません（国会法第68条の３）。緊急事態下の国会議員の任期延長、自衛隊の憲法明記、教育の無償化といった内容の異なるものを一本の憲法改正原案として提出することはできません。提出には、提出者とは別に議員１００名以上の賛成が必要です。

Ｓ６は、衆議院本会議で憲法改正原案の趣旨説明、質疑が行われる段階です。趣旨説明は、Ｓ５で共同提出した議員の筆頭者が行います。その趣旨説明に対して、各会派の代表者が質疑を行います。日常行われている重要法案の趣旨説明と同程度と考えれば、所要3時間程度になると見込まれます。

Ｓ７は、衆議院憲法審査会における憲法改正原案の審査です。各党議員の質疑のほか、参考人質疑、公聴会も開かれます。複数の国会会期を跨ぐことが想定されています。もし、途中で衆議院が解散された場合には、憲法改正原案は「廃案」となり、振り出しに戻ります。

S8は、衆議院憲法審査会における憲法改正原案の採決です。S7で質疑が終局していることが前提です。出席議員の過半数の賛成で「可決」となります。

S9～10は、衆議院本会議における憲法改正原案の審議、採決です。憲法審査会長による審査の報告が行われた後、各党（会派）による討論（賛成・反対）が行われます。そして、いよいよ採決となりますが、総議員の3分の2以上（310名以上）の賛成があれば「可決」となります。総議員の数を基準（母数）とするため、採決を棄権したり、欠席することは、「賛成しない」という意味では同じで、反対投票と同じ効果を持ちます。可決された憲法改正原案は、参議院に送られます。

S11～15は、参議院における憲法改正原案の審査、審議の段階です。衆議院と同様のプロセスを経ます。本会議で、総議員の3分の2以上（166名）の賛成があれば「可決」となります。

S16は、憲法改正の発議です。S15の参議院本会議の可決を以て、発議となります。同時に、「国民への提案」（憲法第96条第1項）とみなされます。

S17は、国会が国民投票の期日（投票日）を議決する段階です。発議の日から起算して60～180日の間で決められます。この議決は、S16と同じ日に行われることが想定されます。

S18は、憲法改正案の公示、国民投票の期日(投票日)の告示が行われる段階です。官報に掲載されます。

S19は、国民投票運動が行われる段階です。国会発議の日から投票日までの期間(60~180日間)、原則、誰でも自由な方法で行うことができます。投票日当日も可能です。また、この期間中には、国会に設置された国民投票広報協議会が活動をし、憲法改正案の内容の広報(放送、広告、ネット配信など)を行います。

S20は、国民投票の期日(投票日)です。投票日、投票所における投票のほか、期日前投票、不在者投票、在外投票も可能です。選挙と同様です。

S21は、憲法改正が成立する段階です。国民投票において投票総数の過半数の賛成があれば成立します。

S22は、憲法改正が公布され、施行される段階です。

Q25 国民投票法って、どんな法律？

A 国民投票法は、国民投票権年齢（国民投票の有権者となる年齢）、国民投票運動の規制・罰則、投票・開票の手続き、投票用紙の様式、無効訴訟などを定めています。国会が憲法改正を発議するまでの手続きを定めた国会法の改正部分も含めています。２００７年５月18日に公布され、３年後の２０１０年５月18日に施行されました。

Q24で解説したとおり、憲法第96条は、憲法改正の手続きの骨格のみを規定しています。もっとも、骨格だけ定めていても、「①何歳から投票ができるのか」、「②投票用紙には何をどうやって記載するのか」、「③開票作業はどうやって行うのか」といった具体的な定めがなければ国民投票を執行することはできません。こうした具体的な内容を定めるのが、国民投票法であり、国会法です。

国民投票法の目次

国民投票法の目次（章立て）は、第1章（総則）から第6章（国会法の一部改正）まで、6つの章から成ります。Q08では公職選挙法の章立てを見ていただきましたが、条文の数では半分程度で、シンプルな構造になっています。選挙運動に比べて、国民投票運動、罰則に関する規定の数が少ないのが特徴です。

目次			主な内容
第1章	総則（第1条）		目的（第1条）
第2章	国民投票の実施		
	第1節	総則（第2条～第10条）	国民投票の期日（第2条）、投票権年齢（第3条）など
	第2節	国民投票広報協議会及び国民投票に関する周知（第11条～第19条）	国民投票広報協議会（第11条以下）、国民投票公報の印刷・配布（第19条）など
	第3節	投票人名簿（第20条～第32条）	投票人名簿の記載事項（第21条）、投票人名簿の被登録資格（第22条）、名簿の抄本の閲覧（第29条の2）など
	第4節	在外投票人名簿（第33条～第46条）	在外投票人名簿の記載事項（第34条）、在外投票人名簿の被登録資格（第35条）、名簿の抄本の閲覧（第42条）など
	第5節	投票及び開票（第47条～第88条）	一人一票（第47条）、投票所の開閉時間（第51条）、共通投票所（第52条の2）、投票用紙の交付、様式（第56条）、期日前投票（第60条）、不在者投票（第61条）、在外投票（第62条）など

	第６節	国民投票分会及び国民投票会（第88条～第99条）	国民投票分会の開催（第91条）、国民投票会の開催（第98条）、国民投票の結果の報告及び告示（第98条）など
	第７節	国民投票運動（第１００条～第１０８条）	公務員の政治的行為制限規定の特例（第１００条の２）、公務員等・教育者の地位利用による国民投票運動の禁止（第１０３条）、国民投票運動ＣＭの規制（第１０５条）など
	第８節	罰則（第１０９条～第１２５条の２）	組織的多数人買収罪・利害誘導罪（第１０９条）、詐偽投票・投票偽造、増減罪（第１１９条）など
第３章	国民投票の効果（第１２６条）		効果（第１２６条）
第４章	国民投票無効の訴訟等		
	第１節	国民投票無効の訴訟（第１２７条～第１３４条）	国民投票無効の訴訟（第１２７条）、国民投票無効の判決（第１２８条）、国民投票無効の告示（第１３４条）など
	第２節	再投票及び更正決定（第１３５条）	再投票及び更正決定（第１３５条）
第５章	補則（第１３５条～第１５０条）		
第６章	憲法改正の発議のための国会法の一部改正（第１５１条）		【国会法改正部分】憲法改正原案の提出（国会法第68条の２、第68条の３）、国民投票の期日の議決（同第68条の６）、国民投票広報協議会（第１０２条の11）など

附則	国民投票の対象拡大の検討（２０１４年改正法附則第5項）、国民投票運動資金の規制の検討（２０２１年改正法附則第４条）など
別記様式（第56条関係）	投票用紙の様式

国民投票法改正の経過と動向

国民投票法はこれまで、二度の大きな改正を経ています。

第1次改正法（２０１４年６月20日公布・施行）は主に、Q12で解説したところの、18歳以上か20歳以上か不確定な状態に陥ってしまった国民投票権年齢をいったん20歳以上に確定させ、改正法の施行から4年後に18歳以上に引き下げるために行われました。第2次改正法（２０２１年６月18日公布、同年９月18日施行）は、有権者の投票環境を選挙並みに向上させる施策（期日前投票の弾力化、洋上投票の対象者の拡大など7項目）の実現のほか、附則（第4条）では、施行後3年（２０２４年９月18日）をめどに、デジタル国民投票運動広告の規制、運動資金規制のあり方を検討した上、必要な法整備を行うこととしています。言わば、国会が自らに課した宿題です。目下、第3次改正に向けた議論が続いています。

26 憲法は、どんな内容でも改正できるの？

A 憲法改正には「限界」があります。国民主権、自由主義、民主主義といった基本的な原理は改正できないと解されます。

国民投票を考える上では、「憲法改正には限界があるのか否か」をまず考える必要があります。日本国憲法には明文がありませんが、外国の憲法には「改正を禁止する条項」を置いている例があります（フランス憲法第89条第5項、イタリア憲法第139条、ドイツ基本法第79条第3項など）。憲法第96条の手続きに従っても、改正してはいけない規定があるのかどうか、解釈レベルの問題があるのです。

この問題は、憲法が制定された時点で、どのような基本理念が採用されたか、その上で、憲法の前文、憲法の各章、各条がどのような内容、位置付けになっているのか、憲法第96条との関係で理解する必要があります。

憲法前文の第一文（冒頭の一文）は、次のように憲法制定の基本理念を謳っています。

〔前文・第一文〕　日本国民は、正当に選挙された国会における代表者を通じて行動し、われらとわれらの子孫のために、諸国民との協和による成果と、わが国全土にわたつて自由のもたらす恵沢を確保し、政府の行為によつて再び戦争の惨禍が起ることのないやうにすることを決意し、ここに主権が国民に存することを宣言し、この憲法を確定する。そもそも国政は、国民の厳粛な信託によるものであつて、その権威は国民に由来し、その権力は国民の代表者がこれを行使し、その福利は国民がこれを享受する。これは人類普遍の原理であり、この憲法は、かかる原理に基くものである。われらは、これに反する一切の憲法、法令及び詔勅を排除する。

前文の第一文で示されているように、憲法は、国民の権利・自由を保障することを最大の目標とし、国の統治のあり方を決めるルールとして制定されています。主語は「日本国民」です。この基礎にある考え方が「立憲主義」です。公権力行使の限界を定めることに、憲法の本質があります。憲法制定の基本理念は永久に不変である、という前提で憲法全体を見渡すと、改正してはいけない内容は、次のように考えられます。

国民主権の「否定」はできない

第一に、国民主権の原理が挙げられます。明治憲法は、天皇を主権者としていましたが、日本国憲法では天皇に替わって、国民が主権者となりました。

Q01で解説したとおり、憲法をいったん制定した後、その力は「憲法を改正する権利」として形を変えています。憲法改正権の行使を通じて、国民主権の原理を否定することは、主権者としての属性ないし性格を「自己否定」することになってしまいます。これは法理に反し、許されません。

自由主義、民主主義といった基本原理も改正不可

第二に、国民主権の原理に密接に結びついている、自由主義、人権尊重主義、平和主義、民主主義、権力分立主義といった基本原理も、改正することはできません。1946年当時、制憲者であった国民の意思に反し、憲法の根幹にある理念ないし価値を棄て、その実質を変えてしまうことになるからです。逆に、基本原理を維持する範囲内での改正であれば、許されると考えられます。

第三に、「永久に」という文言が含まれる憲法第9条第1項、第11条および第97条

の規定です。例えば、第11条の後段は「この憲法が国民に保障する基本的人権は、侵すことのできない永久の権利として、現在及び将来の国民に与へられる」と定めています。憲法制定時に「永久の権利」と定めたものを、一定期間が経過した後、権利の性格を変え、その永久性を否定してしまうことは、論理的に相容れず、成り立ちません。

以上のとおり、憲法改正には内容上の限界があり、憲法第96条の手続きによっても改正することができない基本原理、規定がある(第96条の上位にある概念)と解されます。その帰結として、国会議員は、憲法改正の内容上の限界を超える憲法改正原案を提出することは許されません。

27Q 憲法審査会って、何を議論しているの？

A 憲法審査会は、衆議院と参議院に設置されており、２０１１年10月から活動を始めています。憲法改正原案、国民投票法改正案の審査を行うこと、憲法に関する調査を行うことが主な目的です。現状は、憲法改正の要否に関する調査が断続的に行われています。衆参ともに、憲法改正原案の審査を行ったことは一度もありません。

憲法審査会は、衆議院と参議院に設置されています。それぞれの委員数は50名、45名です（衆議院憲法審査会規程第2条、参議院憲法審査会規程第2条）。

原則として、国会の会期中にしか開かれません。定例日は衆参それぞれ、木曜日、水曜日と定められており（週一回開催）、開催には元々、限りがあります。開催されるとニュース番組で報じられることもありますが、さほどその頻度は高くありません。内閣委員会、法務委員会、厚生労働委員会など週二回、三回という定例日を有する他の常任委員会とは違います。

国会法第102条の6は、憲法審査会の所掌として「日本国憲法及び日本国憲法に密接に関連する基本法制について広範かつ総合的に調査を行い、憲法改正原案、日本国憲法に係る改正の発議又は国民投票に関する法律案等を審査するため、各議院に憲法審査会を設ける」と定めています。前段の、憲法、憲法関連法制に関する調査としては、「自由討議」という名目で、安全保障、緊急事態、参議院の選挙制度（合区）などのテーマが議論されることがあります。

後段の「憲法改正原案」の審査は、衆参を通じて一度も行われたことがありません。「国民投票法に関する法律案」では、①2014年、②2018年から2021年にかけての二度、国民投票法の改正案が審査され、成立しています。

「オンライン出席」も可能とする憲法解釈

国会法第102条の6の規定をみると、憲法審査会は憲法改正に関係する議案を中心に扱うことになりますが、それには限りません。一例として挙げられるのが、衆議院憲法審査会が2022年3月8日、『憲法第56条第1項の「出席」の概念について』と題する報告を、細田衆議院議長に提出した件です。

憲法第56条第1項の「出席」の概念について

衆議院憲法審査会

国会は、国の唯一の立法機関であるとともに全国民を代表する国権の最高機関であり、いかなる事態においても、その機能を果たすことが求められている。

憲法審査会においては、「新型コロナ感染症がまん延し、国会議員が議場に集まれなくなる、開会も議決もできない」という、いわゆる緊急事態等が発生した場合の国会機能の維持の一環として、憲法第56条第1項の「出席」の概念について議論を行った。

まず、令和4年2月10日の討議においてテーマが抽出され、同月17日には衆議院法制局から論点説明を受けた上で集中討議を実施し、同月24日に学識専門家2人に対する参考人質疑を行った上で、3月3日には総括的な討議を実施するなど丁寧な議論を行ったところである。

この一連の討議において、委員から様々な意見が述べられたが、その意見の大勢は次のようなものであった。

①　憲法第56条第1項の「出席」は、原則的には物理的な出席と解するべきではあるが、国の唯一の立法機関であり、かつ、全国民を代表する国権の最高機関としての機能を維持するため、いわゆる緊急事態が発生した場合等においてどうしても本会議の開催が必要と認められるときは、その機能に着目して、例外的にいわゆる「オンラインによる出席」も含まれると解釈することができる。

②　その根拠については、憲法によって各議院に付与されている議院自律権を援用することができる。

以上、本審査会における憲法第56条第1項の「出席」の概念に関する議論の大勢について報告する。

憲法第56条第1項は、「両議院は、各々その総議員の3分の1以上の出席がなければ、議事を開き議決することができない」と、本会議の定足数を定めています。「出席」とは従来から、議員が「議場に現に存在する」こととして、物理的な意味として理解されてきました。

しかし、国に緊急事態が発生した場合において、議員の「出席」が困難となることは当然起こり得ます。最近では、新型コロナウイルスのまん延(2020年1月〜現在)によって、議員が感染し、議場に行くことができない(欠席を余儀なくされる)ケースが実際に出てきています。憲法第56条第1項の規定により、もし万が一「総議員の3分の1」未満の出席しかない状態では、本会議を開くことができません。法律案、予算案を審議し、議決することができなくなり、国会としての機能が止まってしまいます。

そこで衆議院憲法審査会は、憲法第56条第1項の「出席」の意味について、物理的なものだけでなく、インターネットを通じたオンラインでのものも含むとする解釈を確定したのです。その根拠は、「各議院が、内部の組織、運営等に関し、自主的に決定できる」という議院自律権(憲法第58条)に求めています。一の議院として、権限ある解釈を示せたことは有意義なことです。

Q28 憲法改正の発議ってなに？

A 発議（はつぎ、ほつぎ）とは、憲法改正案を議決して、国民に示すことです。国民への「提案」と一体の行為です。

憲法改正の発議（「はつぎ」または「ほつぎ」と呼ばれます）は、国会の権限です。

Q24で解説した手続きの「山場」ともいえますが、衆議院で憲法改正原案を可決し、参議院でも可決した場合には、その参議院の可決を以て、国会が憲法第96条第1項前段にいう憲法改正の発議をし、国民に提案したものとされます（国会法第68条の5第1項前段）。発議、提案に関しては、特段の行為を要しません（別に「提案」という行為があるわけではありません）。逆に参議院が先議院、衆議院が後議院になる場合には、最後の衆議院の可決を以て国会の発議となります。

発議された場合に、衆参両院の議長は、憲法改正の発議をした旨とその憲法改正案を官報に公示します（国会法第68条の5第1項後段）。国会発議を以て、憲法改正原案は「憲法改正案」と、法律上の呼び名が変わります。

憲法改正原案は、審査、審議の過程でその内容を修正することもできます（国会法第68条の4）。例えば、参議院が衆議院から送付された憲法改正原案を修正議決した場合には、その憲法改正原案は衆議院に回付され、衆議院がその回付案（参議院修正案）に同意すればその同意を以て憲法改正の発議となります。

重要な議案なので「記名採決」に

衆参本会議における憲法改正原案の採決は、記名による方法（記名採決）になると解されます。憲法改正の発議は、国会の権能のうち最も重要なものであり、議員一人ひとりの

衆議院・参議院の3分の2以上の賛成で
憲法改正が発議されると・・・
憲法
改正原案
名称が変わる
ピシッ
原
憲法
改正案

判断を明確に記録し、公開する必要があるからです。議員の投票態度は当然、国民投票の後に行われる最初の国政選挙における判断・評価の要素となります。

同一会期内に衆参の議決が一致する必要性

衆議院の「可決」と参議院の「可決」は、同一の会期内で揃う必要があります。修正議決に対する他の議院の同意も同様です。

あくまで仮定の話ですが、第300回国会で衆議院が憲法改正原案を可決し、参議院に送付した後、参議院がその憲法改正原案を継続審議とすることを議決したとします。次に召集される第301回国会で参議院が可決したとしても、その可決を以て憲法改正の発議をしたことにはなりません。衆議院に送付して、衆議院で再度、可決する必要があります(国会法第83条の5)。継続審議の対象となるのは議案本体であって、議決の効力には及ばない(会期を跨がない)ためです。

改憲賛成勢力がまとまらなければ、発議は「失敗」する

通常、法律案などの一般議案の採決であれば、本会議の定足数は「総議員の3分の

1」、表決数は「出席議員の過半数」であり（憲法第56条第1項）、与党会派議員の欠席ないし造反（反対または棄権）は通常、法律案の成否等に深刻な影響を及ぼしません。

しかし、憲法改正発議のために要する310名以上（衆議院）、166名以上（参議院）は、絶対的な表決要件であることに、改めて注意を要します。議員が、憲法改正原案の採決が行われる本会議を欠席したり、投票を棄権することは、反対投票と同じ意味になります。1名（1票）でも足りなければ「否決」となってしまいます。

いわゆる改憲賛成勢力から造反が出て、前記の表決要件を充たさないような場合には、改憲反対勢力の側からその埋め合わせをしなければなりません。これ自体、政治的には相当高いハードルです。

憲法改正原案の採決はまさに、「集団で薄氷を踏む行為」と喩えられます。途中まで多人多脚走が上手く進んでも、採決に際してその共走関係が崩れてしまうこと（発議の失敗）も十分あり得るのです。

29 Q 第1回国民投票のテーマは何になりそう?

A 有力なテーマとしては「自衛隊の明記」「緊急事態下における国会議員の任期の延長」などが挙げられます。しかし、一の憲法改正案となり国会発議まで至るかどうか、なお紆余曲折が予想されます。国民投票の時期を具体的に想定するのは著しく困難です。

選挙（国、地方）は、数年に一度のペースで必ず執行され、投票の機会を得ますが、憲法改正国民投票は「一生のうちに一度めぐり合うかどうか」のレベルの話です。

憲法改正の案件として有力視されるのは、①自衛隊を憲法に明記する案、②緊急事態下における国会議員の任期（衆議院議員4年、参議院議員6年）の延長と衆議院の解散の制限などです。しかし、憲法審査会においては単発的な議論にとどまり、その方向性を定めることができず、党派を超えた意見集約を進めることができない政治状況が、延々と続いています。憲法改正を熱心に訴える政党、議員も少なからずいますが、憲法第96条第1項が定める「衆参総議員3分の2以上の賛成」を得られるだけの確たるテーマ設定ができておらず、合意形成が進んでいない「こう着状態」であることは変わっていません。また、憲法改正の手続きを定める国民投票法の改正問題（Q33の広告規制など）が決着していないのも事実です。したがって、いつ、どのようなテーマで国会発議がなされ、第1回国民投票が行われるのか、予想することは困難です。

世論の動向もあいまい

NHKが毎年5月に公表する世論調査では、「憲法改正の是非」が質問項目に入っています。「憲法を改正する必要があるかどうか」という問い自体がかなり抽象的ですが、表のとおり、ここ数年は、「必要がある」は3割程度の回答にとどまっています。最も多いのは「どちらともいえない」です。

国会は、憲法改正に関する世論の動向を見極めることが

NHK世論調査「憲法改正の是非」（年別）

	改正する必要があると思う	改正する必要がないと思う	どちらともいえない	わからない、無回答
2022	35%	19%	42%	4%
2021	33%	20%	42%	4%
2020	32%	24%	41%	3%
2018	29%	27%	39%	5%

（出典）NHK「憲法施行75年 NHK世論調査 憲法改正の必要性は コロナの影響は」（2022年5月6日） ※2019年は比較データなし

大切です。何でもかんでも発議に持ち込んで国民投票に掛ければよい、ということではありません。国民投票で過半数の賛成を得られず「不承認」となった場合、発議に「賛成」した議員は、国民投票の後最初に行われる選挙で、政治責任を問われることを覚悟すべきです。

法律改正、運用で対応するのが原則

憲法は、国民の権利、自由を保障することを目的に、国会、内閣、裁判所などの公権力を制限するために定められています（立憲主義）。憲法を改正する必要性は、この立憲主義の意義、目的が達成できないような状況が生じたときに初めて生まれるものです。通常、国会（立法）、内閣（行政）、裁判所（司法）の三権がそれぞれの機能を果たしながら、前記の目的を達成しようとしていますが、目的達成上、憲法上の「限界がある」（改正しなければ、目的が達成されない）と認識された場合には、国民の代表機関である憲法改正の発議の権限を有する国会は、憲法改正の議論を本格的に始めるべきです。逆に、目的達成上、憲法上の「限界がない」（改正しなくても、目的は達成される）と認識される場合には、法律を改正したり、解釈・運用を行う中で柔軟に対応すべきです。

一例を挙げれば、憲法第53条【臨時会】の規定に、内閣の召集期限を設けるという案が出ています。同条は「内閣は、国会の臨時会の召集を決定することができる。いづれかの議員の総議員の4分の1以上の要求があれば、内閣は、その召集を決定しなければならない」と定めています。後段の定めに則って、野党が臨時会の召集要求を行うことがありますが(国会法第3条)、召集の期限に関する定めがないため、要求を受けた内閣がいつまでも召集しない事態がしばしば起こっています。

仮に憲法第53条(後段)を改正して、『内閣は、その召集を「20日以内に」決定しなければならない』とすれば、内閣はこの規定に拘束され、臨時会の召集を期限内に決定しなければならなくなります。もっとも、憲法を改正しなくても、国会法ないし運用上の問題として、内閣が遅滞なく召集を決定することは当然可能であり、現行の規定で対応できるという考え方も採り得ます。速やかに召集を決定しない内閣にこそ責任があり、当初から憲法に問題があるわけではない、といえるからです。

多くの国民が憲法改正の必要性を感じ取れなければ、承認される確率も低くなります。国民投票に付するにはそもそもどのようなテーマが望ましく、国民の関心も高まるのか、十分に吟味する必要があります。

Q30 国会はどんな広報活動をするの？

A 国会が憲法改正の発議を行った後、その内容に関する広報を行う目的で、国民投票広報協議会（議員20名）が設置されます。国民投票公報の原稿作成、憲法改正案広報放送（テレビ、ラジオ）・広報広告（新聞）などに関する事務を行います。

Q24では、憲法改正の手続きの全体像を解説しました。憲法改正に関して、国会の役割は、憲法改正の発議を以て「御役御免」となり、終わってしまうわけではありません。発議した憲法改正案の内容、賛成の理由、反対の理由などを国民に広報するため、国民投票広報協議会が設置され、活動を開始します（国民投票法第11条から第17条まで、国会法第１０２条の11、第１０２条の12）。

選挙の始まりは、五感を以て感じ取ることができます。公示・告示の日には、Q18で解説したポスター掲示場に、候補者のポスターが一斉に貼り出されます。タスキを掛け、マイクを持って演説する候補者や、その周辺で腕章を付けたスタッフがビラを配る姿などが象徴的です。候補者とは、直接的にコミュニケーションを取ることもできます。

しかし、国民投票では、候補者がいません。ポスター掲示場もありません。憲法改正案自体がマイクを持って演説したり、国民に対して「私に投票してください」と働きかけてくるわけでもありません。選挙とは逆に、相当静かな雰囲気の中でスタートするであろうと想像されます。すると、憲法改正案に関する情報を十分に持たない、情報へのアクセスが難しい国民が出てきてしまい、賛成・反対の判断がつかないまま投票日を迎えてしまう事態が懸念されます。

したがって、国民が住んでいる地域に関係なく、憲法改正案、国民投票に関する情報を広く、迅速にキャッチする手段を確保できることが、国民主権主義、民主主義を全うするためにも重要です。その役割をまさに、国民投票広報協議会が担うのです。

国民投票広報協議会の構成

国民投票広報協議会の委員は、憲法改正の発議をしたときに衆議院議員であった者10名、参議院議員であった者10名の、計20名です(国民投票法第12条第2項)。委員は、衆参各会派の所属議員数の比率により割り当て、選任されます（国民投票法第12条第3項本文）。

仮に、衆参両院において、全会一致に近い状態で憲法改正原案が可決された場合では、反対した会派から国民投票広報協議会の委員を出すことができず、賛成した会派の議員ばかりで占められることになります。しかしそのような偏った構成では、憲法改正案などに関する広報を公正、平等に行うことはできません。そこで、憲法改正原案に反対した会派からも国民投票広報協議会の委員を選任できるよう、「できる限り配慮する」こととされています（国民投票法第12条第3項ただし書）。各議院では会派の構成が異なることから、同一の政党でも衆参の定数内で選任される委員の数は異なります。

協議会の定足数と表決数

国民投票広報協議会がその会議を開き、議事を進行するには、衆参から選任された委員がそれぞれ7名ずつ出席しなければなりません（国民投票法第15条第1項）。

国民投票広報協議会が会議体として意思決定（議決）をするには、出席委員の3分の2以上の賛成が必要です（国民投票法第15条第2項）。単純な過半数を表決要件とすると、憲法改正原案に賛成した会派の意向だけで議事を決することが可能となり、公正な運営が事実上不可能となってしまうことから、特別多数決に拠ることとしているのです。国民投票広報協議会には、事務局が置かれます（国民投票法第16条）。

『公報』の原稿作成など

国民投票広報協議会は、次の4つの事務を担当します。

第一に、国民投票公報の原稿を作成することです（国民投票法第14条第1項第1号）。国民投票公報には、①憲法改正案とその要旨、②憲法改正案に係る新旧対照表、その他参考となるべき事項に関するわかりやすい説明、③憲法改正案を発議するに当たって出された賛成意見および反対意見が掲載されます。国民投票広報協議会は、①と②を客観的かつ中立的に、③を公正かつ平等に扱うこととされています（国民投票法第14条第2項）。国民投票公報の体裁（大きさ、ページ数など）は未定で、今後検討されることになります。国民投票公報は、投票日の10日前までに各世帯に配布されます（国民投票法第18条第4項、公職選挙法第170条）。

第二に、投票記載所に掲示する憲法改正案の要旨を作成することです（国民投票法第14条第1項第2号）。投票記載所とは、投票所の中で、投票人が投票用紙に記入する場所です（同法第65条）。

第三に、憲法改正案の広報放送、広報広告に関する事務です（国民投票法第14条第1項第3号）。広報放送はテレビ、ラジオで行われるもので、選挙の際の政見放送、候補者経歴放送に類似するものです。内容は、①憲法改正案とその要旨、その他参考となるべき事項、②憲法改正案に対する賛成の政党等、反対の政党等が行う意見広告、です（国民投票法第106条第1項～第3項）。②の賛成広

国民投票広報協議会の仕事

告、反対広告は「同じ持ち時間」とするなど、同等の利便が提供されます（国民投票法第106条第4項〜第6項）。放送時間の幅、回数などは今後検討されます。広報広告は新聞で行われるもので、内容は広報放送と同じです（国民投票法第107条第1項〜第3項）。②の賛成意見、反対意見は「同じ枠の寸法」とするなど、同等の利便が提供されます（国民投票法第107条第4項・第5項）。

第四に、その他の、憲法改正案に関する広報の事務です（国民投票法第14条第1項第4号）。運用例はありませんが、専用ウェブサイトの開設、広報動画の制作と配信、TikTok、Twitter などSNSの運用なども含まれると解されます。

有権者は、国民投票公報の内容などを踏まえて、憲法改正案に賛成するか反対するか、最終的な判断を行うことになります。

議員、政党も独自のキャンペーンに取り組む

以上は、国民投票広報協議会による公式な広報ですが、発議に賛成した議員・政党、反対した議員・政党が独自のキャンペーンを展開することに、何の妨げもありません。有権者の判断に資する情報は、多いに越したことはありません。

Q31 投票できるのは、選挙の有権者と同じなの？

A **選挙と国民投票は、有権者の範囲が異なります。年齢要件は同じですが（18歳以上）、居住要件の有無、公民権停止中の者の欠格性で違いがみられます。概して、国民投票の有権者の範囲の方が広いといえます。**

選挙でも国民投票でも、同じく有権者と呼びますが、その範囲には異同があります。

第一に、年齢においては、いずれも「18歳以上」で同じです（公職選挙法第9条第1項第2項、国民投票法第3条）。

第二に、居住要件については異なります。選挙では、市区町村の住民基本台帳に3か月以上登録された者について選挙人名簿に登録されますが（公職選挙法第21条第1項）、国民投票では、国民投票の投票日前50日に当たる日（登録基準日）において、市区町村の住民基本台帳に記録されている者について、投票人名簿に登録されます（国民投票法第22条第1項第1号）。仮に、国政選挙と国民投票が同じ日に行われるとして、投票日2か月前に他の市区町村から転居してきたばかりの方（18歳以上）は、新住所地で選挙の有権者とはなれませんが、国民投票の有権者として投票することはできます。

第三に、公民権停止中の者については、選挙権は有しませんが、国民投票の有権者として投票することは可能です。公職選挙法第11条は「選挙権及び被選挙権を有しない者」として、禁錮以上の刑が執行中である者、選挙犯罪による処刑者などを定めています。他方、国民投票法には「投票権を有しない者」に関する規定はありません。国民投票は、憲法改正という主権者として重大な意思決定を行う機会であり、できるだけ多くの国民の参加を可能とするよう制度が作られています。

選挙・国民投票の有権者比較

	選挙	国民投票
①年齢要件	18歳以上	18歳以上
②居住要件（3か月以上）	あり	なし
③公民権停止中の者	投票不可	投票可能

第5章

国民投票運動と投票・開票

Q32 国民投票運動って、誰でも自由にできるの？

A 国民投票運動は、原則として誰でも、自由に行うことができます。未成年者（18歳未満の者）でも可能です。ＳＮＳ、ウェブサイト、メールを利用する方法にも制限はありません。運動の時間、期間の制限もなく、投票日当日の運動も可能です。

国民投票運動とは、「憲法改正案に対し賛成又は反対の投票をし、又はしないよう勧誘する行為」をいいます（国民投票法第１００条の2）。

国民投票運動は原則として誰でも、自由に行うことができます。国民投票運動の主体は、個人、団体を問わず可能です。家族、友達どうしはもちろん、政党、企業、ＮＰＯなど、形態や規模を問いません。ＳＮＳ上のつながりでもＯＫです。

選挙では、18歳未満の者による選挙運動、18歳未満の者を使った選挙運動がそれぞれ禁止されていますが（公職選挙法第１３７条の2、第２３９条第1項第1号の規定により、違反した者は1年以下の禁錮または30万円以下の罰金に処せられます）、国民投票では年齢上の制限はありません。外国人、外国団体による国民投票運動も法律上は規制されません。

国民投票運動の時間、期間の制限もなし

選挙運動に関しては、午後8時から午前8時まで、夜間の街頭演説が禁止されますが（公職選挙法第164条の6第1項、第244条第1項第6号の規定により、違反した者は1年以下の禁錮または30万円以下の罰金に処せられます）、国民投票運動に関しては、時間上の制限はありません。もっとも、法的な規制が無いからといって、深夜帯に街頭演説を行えば、非常識な運動者と受け止められるので、要注意です。

さらに選挙運動に関しては、公示・告示前の事前運動、投票日当日の運動が禁止されますが（公職選挙法第129条、第239条第1項第1号の規定により、違反した者は1年以下の禁錮または30万円以下の罰金に処せられます）、国民投票運動に関しては、このような期間上の制限はありません。

国民投票運動の例

「原則、自由にできる」国民投票運動の例は、次のとおりです。

①ウェブサイト、SNS(Twitter、TikTok、Instagramなど)、メールの利活用
②動画投稿サイト(YouTubeなど)の利活用
③チラシの作製、配布
④ポスターの作製、貼出し
⑤看板の作製、設置
⑥グッズの作製、販売
⑦戸別訪問、署名活動の実施
⑧集会、街頭演説の開催、ネット番組の配信
⑨街宣車等を利用した遊説
⑩各種広告の掲載(デジタル、新聞、雑誌など)
⑪テレビ・ラジオCM(投票の勧誘を内容とするも

国民投票運動の例

のは、投票日15日前まで可能）

日本にはまだ先例がありませんが、仮に国民投票運動を始める場合になったら、選挙運動（の規制）に近づけて考えすぎない方が妥当です（根拠なく萎縮してしまうので）。運動期間も長い（60～180日）ことから、知恵、工夫次第で、様々な展開が可能となります。

Q33 ニュースで聞く「広告規制」って、議論は進んでいるの？

A 国民投票法は、国民投票運動のための広告放送（テレビ、ラジオのＣＭ）を一定期間、規制しています（第１０５条）。今後の議論の焦点は、国民投票運動のための「デジタル広告」の規制を新たに設けるかどうかです。国会では法改正を視野に入れ、２０２４年９月18日を期限の目途として検討が進められています。

憲法審査会、国民投票法に関係するニュース、記事の中で、「広告規制」というワードが目に入ったことはないでしょうか。２００７年5月に制定された国民投票法ですが、国民投票運動つまり、賛成投票、反対投票を呼びかける「広告」の規制のあり方については、国民投票の公正さを担保する観点から、なお議論が続いています。

国民投票法第１０５条は、何人も、投票日14日前から投票日までの間、国民投票運動のための広告放送（テレビ、ラジオのＣＭ）を行うことを禁止しています。その趣旨は、①投票日が間近に迫ったタイミングで煽情的な内容の国民投票運動ＣＭが放送されると、有権者の判断が歪められるおそれがあること、②投票日の直前期では、国民投票運動CMの内容に反論するだけの時間が十分にないこと、③運動団体の資金力の多寡（多い・少ない）によって、憲法改正案の賛成広告、反対広告のいずれかに放送総量が偏ってしまうことがないよう、間接的に「総量規制」を及ぼす必要があること、④期日前投票が始まる投票日14日前（国民投票法第60条）から投票日までの間は、有権者が憲法改正案の賛成・反対について冷静な判断、熟慮をすることができるよう、一定の「冷却期間」を置くべきであること、です。

また、日本民間放送連盟（民放連）は、放送業界として独自のCM考査ガイドラインをまとめ、公表しています（2019年3月20日）。「視聴者の心情に過度に訴えかけることにより、冷静な判断を損なわせたり、事実と異なる印象を与えると放送事業者が判断するCM」、「企業広告、商業広告に付加して主張・意見を盛り込むCM」（ぶら下がりCM）などは、取り扱わないとされています。

デジタル広告の影響を考える必要性

国民投票法を制定した2007年当時、有権者に対する影響が大きい広告といえばテレビ、ラジオのＣＭであり、それらに対する一定の規制を及ぶすことで必要かつ十分と考えられていました。

しかし、その後歳月が経ち、インターネットが発達し、社会に広く普及した結果、今や、デジタル広告（インターネット広告）の影響が無視できない状況になっています。誰しも、テレビのリモコンを握るより、スマートフォンを操作する時間の方が長くなっていることでしょう。日常的にアクセスするウェブページ、ＳＮＳ上で、静止画ないし動画の広告が表示される現象も当たり前で、広告（枠）が国民投票運動のために用いられることも想定しなければならない時代に入っています。

国民投票法の第2次改正法（2021年6月18日公布、同年9月18日施行）は、期日前投票の弾力的な運用を可能とすることなど、投票環境の向上に関する施策を国民投票制度にも導入する（選挙制度と横並びにする）ことが主な目的でしたが、その附則では、施行後3年を目途として、デジタル広告の規制のあり方に関して検討し、必要な法整備を行うこととしています。国会が自らに課した「宿題」といえます。

法整備の方向性はまだ見えていませんが、テレビ・ラジオのＣＭの規制と同様の趣旨で、投票日14日前から投票日までの間、デジタル国民投票運動広告も禁止することや、賛成広告、反対広告の間で取扱いの不平等が生じないよう、グーグル、メタ（旧フェイスブック）、ヤフーなどのデジタル・プラットフォームに必要な自主的取組みを促すことも不可欠と考えます。

参照条文・国民投票法第2次改正法（2021年6月18日公布、同年9月18日施行）

附則第4条【検討】　国は、この法律の施行後3年を目途に、次に掲げる事項について検討を加え、必要な法制上の措置その他の措置を講ずるものとする。

一　投票人の投票に係る環境を整備するための次に掲げる事項その他必要な事項

イ　（略）

ロ　（略）

二　国民投票の公平及び公正を確保するための次に掲げる事項その他必要な事項

イ　国民投票運動等のための広告放送及びインターネット等を利用する方法による有料広告の制限

ロ　国民投票運動等の資金に係る規制

ハ　国民投票に関するインターネット等の適正な利用の確保を図るための方策

Q34 国民投票では買収もOK？

A 選挙と国民投票の制度上の違いは、買収罪の類型の違いにも反映します。国民投票では、一対一の単純な態様の買収は犯罪となりません。組織（主体）が多数人（客体）を買収した場合にのみ犯罪が成立します（国民投票法第１０９条）。

大型選挙の前になると、都道府県の警察本部に「選挙違反取締本部」が置かれます。Q17で解説した各種の選挙犯罪に関して必要な捜査を行い、広く取り締まることになるわけですが、特に目を光らせているのが「買収」です。有権者の投票がカネで買われたり、特定の利害に誘導されれば、選挙の公正さが害され、民主主義を危機に貶めることになるからです。

公正さを害するという点では、国民投票も共通します。しかし、選挙とは制度上の違いがあることや、国民投票では「運動の自由」をより広く保障すべき要請があることから、買収罪の類型、成立が限定的なものとなっています。表をご覧ください。

選挙では単純な買収が犯罪となります（公職選挙法第２２１条第１項各号の規定により、３年以下の懲役または禁錮、もしくは50万円以下の罰金に処せられます）。有権者や運動員に対し、名目の如何を問わず、当選目的で現金や物品を渡したり、その約束をすることが「買収」に当たります。しかし、国民投票では「不可罰」です。

単純買収が「不可罰」となる理由

第一の理由は、国民投票は選挙と異なり、国民のすべてが運動主体（選挙でいう候補者的な立場）になり得ることから、規模が小さく、その影響が限定的な買収行為まで罰則を以て取り締まることが、かえって国民投票運動の自由を著しく制約することにつながることです。単純な買収をも犯罪として扱うとなると、国民投票運動期間中（国会発議の日から60～１８０日間）に行われる偶発的な、個人的会話レベルの憲法改正論議に対してさえ、萎縮効

選挙と国民投票「買収罪」の違い

買収の類型	選挙	国民投票
一対一の買収	×（運動員、投票依頼）	○（不可罰）
多数人の買収	×（主体が個人、組織のいずれかを問わない）	○（個人が主体のもの） ×（組織が主体のもの）

※×印：犯罪成立　○印：犯罪不成立

果を及ぼしかねないのです。「今度、〇月〇日の国民投票で『賛成票』を投じてくれたら、コーヒーを1杯奢ってあげるよ」といった約束ないし実行までも、買収罪の取り締まり対象とする必要があるのか、という問題です。

第二の理由は、国民投票の結果に関して、賛成投票と反対投票の差が何千万、何百万というレベルで生じることから、そもそも小規模で、限定的な影響しか及ばない買収を取り締まる必要性が認めがたいことです。他方、選挙の場合は、数票、数十票で結果が変わることもあり、小規模な買収が一定の効果を及ぼしてしまうことがあります。

国民投票では、個人ではなく組織が主体となり、多数人を相手にした買収であれば、組織的多数人買収罪（国民投票法第１０９条）が成立します。３年以下の懲役または禁錮、もしくは50万円以下の罰金が科されます。

こういう説明を加えると、選挙に関しては買収がＮＧでも、国民投票に関しては許容し、推奨しているかのように誤解されるかもしれません。くれぐれも、運動（投票の勧誘）は、「法に違反しない範囲で」ということに尽きます。

組織的多数人買収罪が成立する要件

国民投票法第１０９条が定める「組織的多数人買収罪」がどういう場合に成立するのか、フローチャートで確認しておきます。

〔1〕組織により、

＋

〔2〕多数の投票人に対し、

＋

〔3〕憲法改正案に対する賛成または反対の投票をし、またはしないようその旨を明示して勧誘し、その投票をし、またはしないことの報酬として、

＋

〔4〕①金銭

②憲法改正案に対する賛成または反対の投票をし、もしくはしないことに影響を与えるに足りる物品その他の財産上の利益（国民投票運動において意見の表明の手段として通常用いられないものに限る。）

③公私の職務（〔4〕①～③のいずれかを対象に、）
＋
〔5〕①供与
②供与の申込み
③供与の約束（〔5〕①～③のいずれかをすること。）
←
←〔1〕～〔5〕をすべて充たすと、組織的多数人買収罪が成立し、
←
3年以下の懲役または禁錮 もしくは 50万円以下の罰金が科される。

要件〔1〕は、組織的多数人買収の主体を、「組織」に限定しています。「組織により」とは、2名以上の複数の行為者の間で、指揮命令に基づき、あらかじめ定められた任務の分担に従って、構成員が一体となって行動することです。

要件〔2〕の「多数の投票人に対し」とは、その買収行為がなされた具体的状況に応じて、多くの者を対象とすることです。条文上、具体的に何名以上が多数となるのか

は明確でなく、現時点で確定的な解釈ないし基準を述べることはできません。将来、国民投票が行われた後、組織的多数人買収罪の成否が争われる刑事事件の判例が確定すれば、その事例が一応のメルクマール（判断する基準）になり得ます。

要件〔3〕は、憲法改正案に対する賛成・反対の投票の勧誘が、「明示的」に行われることを要求しています。「勧誘」は、外形的に明らかな行為であることが必要です。「報酬」は、一定の対価性が求められることを明記したものです（公職選挙法上の買収罪の規定には、「報酬」の文言がなく、解釈上必要とされているにとどまります）。

要件〔4〕は、その報酬の中身として、3つを明記しています。

②の「憲法改正案に対する賛成または反対の投票をし、もしくはしないことに影響を与えるに足りる物品その他の財産上の利益」とは何かが問題となりますが、その趣旨は被買収者（投票人）の投票行為に影響を与えるに足りる、一定以上の価値があるものに限定するものと解されます。国民投票運動の一環として行われている集会、街頭演説の場所で、ギフト券、宿泊・飲食の割引券などが配布されていたら、通常これらは、被買収者の投票行為に影響を与えるといえます。他方、ティッシュ、うちわ、ボールペン、クリアファイルなどが配布されていたとしても、被買収者の投票行為に

影響を与えるとは考えられません。

また、かっこ書きに「国民投票運動において、意見の表明の手段として通常〝用いられない〟ものに限る」とあります。この点、著名なアーティスト、ミュージシャンらが参加する集会で、憲法改正に関するメッセージが含まれるＣＤ、ＤＶＤ等が頒布されることがあっても（これらは一定の財貨性があります）、意見の表明の手段として通常〝用いられる〟ものであり、「物品その他の財産上の利益」には当たらないといえます。同様に、一定のメッセージが含まれる楽曲を無料でダウンロードさせることも認められます。

要件〔５〕は、〔４〕①～③のいずれかが「供与」されることを要求しています。その約束、申込みだけでも犯罪は成立します。

本罪については先例（確定した裁判例）がないため、どういうケースが該当するのか例示するのは困難が伴います。兎にも角にも、みなさんは買収組織に加担することがないよう、十分に心得ておいてください。

Q35 賛成・反対を、どう判断すればいいの？

A 憲法改正の前と後で何が変わるのか（変わらないのか）、具体的にどのような効果が生まれるのか（生まれないのか）が、判断のポイントです。特に憲法改正案の中に「法律」という文言が含まれている場合は、要注意です。その「法律」の内容がどのようなものになるのか、を含めて判断する必要があります。

憲法は「国の最高規範」であり（憲法第98条第1項）、日本という国の法秩序の最高位に存在しています。一たび改正されたら、その効果は、下位にある法律、政令などの内容に影響します。また、数年ごとに必ず行われる選挙とは違い、憲法改正国民投票はいつ行われるかわからず、しかも、二度目があるとしても同じテーマとは限らないので、その都度、主権者としての「重い決断」を迫られることになります。「憲法改正なら何でも賛成」「全部反対」という立場の方を除いて、改正案の内容を吟味して賛成・反対を判断することになります。

立憲主義に則ったものかどうか

個人の諸権利、自由を保障することを目的に、国の統治のルールを定めたものが憲法です。国会、内閣などの機関に権限を与え、その権限を制限、拘束するという立憲主義の考え方に則っています。憲法改正案がどのような政策テーマのものであれ、この立憲主義という考え方に適うかどうかが判断のポイントです。端的に言えば、改正前より悪くするような憲法改正案に対して、無理して賛成する必要はありません。

憲法改正案の中に「法律」という文言が入っている場合は、要注意です。例えば、憲法第26条第1項は「すべて国民は、法律の定めるところにより、その能力に応じて、ひとしく教育を受ける権利を有する」と、第29条第2項は「財産権の内容は、公共の福祉に適合するやうに、法律でこれを定める」と、第30条は「国民は、法律の定めるところにより、納税の義務を負ふ」と、現行憲法の条文にも頻繁に出てきますが、憲法改正案に含まれる「法律」のすべての内容でなくても、およその骨格さえわからなければ、憲法改正を通じて立法権を有する国会に実質的内容の整備を委任するだけになってしまうのです。賛成・反対の全体としての判断は、国民投票広報協議会（Q30）が発信される情報の中に、判断する内容が含まれているかどうか、確認することが大切です。

36Q 投票用紙には何をどうやって書けばいいの？

A 投票用紙には、あらかじめ「賛成」「反対」の文字が印刷されており、いずれか一方を「○」で囲むだけです。他事記載は無効となるので、注意が必要です。

選挙の投票方式は、用紙の枠内に候補者の氏名、政党・政治団体の名称を自書するものですが、国民投票では、投票用紙にあらかじめ「賛成」「反対」の文字が印刷されており、いずれか一方を「○」で囲むだけです（国民投票法第56条第2項）。

国民投票法を立案する段階では、「賛成・反対」または「○・×」を自書させるべきとの提案もありました。しかし、何らかの文字、記号を自書させれば、その分、他事記載のリスクも拡大させ、無効票を増やす原因ともなってしまうので、あらかじめ印刷する方式を採用することで合意が整いました。

表面

折目

日本国憲法改正国民投票

都（道府県）（市）（区）（町）（村）
選挙管理委員会　印

裏面

○注意《ちゅうい》

一　憲法改正案《けんぽうかいせいあん》に賛成《さんせい》するときは、次《つぎ》の欄内《らんない》の賛成《さんせい》の文字《もじ》を○の記号《きごう》で囲《かこ》むこと。
二　憲法改正案《けんぽうかいせいあん》に反対《はんたい》するときは、次《つぎ》の欄内《らんない》の反対《はんたい》の文字《もじ》を○の記号《きごう》で囲《かこ》むこと。
三　○の記号《きごう》以外《いがい》は何《なに》も書《か》かないこと。

記《き》載《さい》欄《らん》	
賛《さん》成《せい》	反《はん》対《たい》

無効票となる例

次のいずれかに該当する投票は、無効となります（国民投票法第82条各号）。

①所定の用紙を用いないもの

②○の記号以外の事項を記載したもの

③○の記号を自書しないもの

④賛成の文字を囲んだ○の記号および反対の文字を囲んだ○の記号をともに記載したもの
⑤賛成の文字または反対の文字のいずれを囲んで○の記号を記載したかを確認し難いもの

他事記載は無効となります。賛成の文字、反対の文字の上に「絶対」「どちらかといえば」と書くような真似はしないでください。

もっとも、賛成・反対の2つの選択肢がある中で、いずれか一方の選択肢を「×」の記号、二重線その他の記号を記載することにより抹消した投票は、残り一つの選択肢の投票をする意思とみなされ、有効票と扱われます（国民投票法第81条）。結婚式その他の行事案内の出欠の返信ハガキの記載要領と似ています。

37 Q 一票でも「賛成」が多ければ、憲法改正は成立するの？

A 国民投票法は、憲法改正案の承認の要件として「投票総数の過半数」を定めているのみで、賛成投票が反対投票よりも一票でも多ければ「過半数」要件を充たし、成立します。

国会が発議し、国民に提案した憲法改正案は、国民投票で過半数の賛成があれば承認されます（憲法第96条第1項）。国民投票法第98条第2項が定めるところにより、「投票総数」が基準の分母となります。賛成投票の数と反対投票の数の合計で、無効投票は省かれます（同条項）。

簡単な数値で例示すると、（A）有権者100名で国民投票を行ったとして、賛成投票50、反対投票49、無効投票1、棄権0という結果になったとします。賛成投票の数（50）が投票総数（50＋49＝99）の過半数に達しているので、成立します。

極端な例として、（B）有権者100名で国民投票を行ったとして、賛成投票2、反対投票1、無効投票0、棄権97という結果になったとします。この場合も、賛成投票の数(2)が投票総数(2+1=3)の過半数に達しているので、成立します。

実際、日本で国民投票が行われた場合には、賛成投票、反対投票のいずれも「数千万」という得票での争いとなりますが、憲法、国民投票法は、過半数という「相対得票率要件」を定めるにとどまっています。

絶対得票率要件の検討も必要

現行制度では、一票でも「賛成」が多ければ、憲法改正が成立します。前述の例(B)のように、有権者100名のうち、賛成投票が2しかない場合でも成立することになります。賛成投票の数があまりに少ない場合には、その後の法体系を不安定な状態に陥れるリスクが伴います。このようなリスクを避けるためには、過半数要件に加えて、賛成投票の数が有権者総数の○○%に達することという「絶対得票率要件」を定めることが有益です(憲法改正の必要性が生じます)。例えば、絶対得票率を30%と定めます。(A)(B)いずれも賛成投票の数が過半数に達しているところ、(A)は絶対得票率に達しているので「成立」、(B)は達していないので「不成立」となります。

最低投票率要件の誤り

絶対得票率要件としばしば混同されるのが、最低投票率要件です。最低投票率要件とは、過半数要件に加えて、投票率が有権者総数の○○％に達することという要件を加えるものです。しかし、この考えには、次のような矛盾を含みます。

仮に、最低投票率を40％と定めます。有権者100名で国民投票を行うとして、（C）賛成投票21、反対投票20、棄権59、（D）賛成投票38、反対投票1、棄権61、という結果を想定してみます。（C）（D）いずれも賛成投票の数が過半数に達しているところ、（C）は投票率41％で最低投票率要件を充たし（憲法改正は成立）、（D）は投票率39％で最低投票率要件を充たさない（憲法改正は不成立）、という具合に結論が分かれます。

しかし、賛成投票の数だけをみれば、（C）が21、（D）が38と、（D）の方が多いにもかかわらず、憲法改正を不成立にしてしまう結論は公平とはいえず、納得が得られないでしょう。最低投票率として、反対投票の数まで加えてハードルを上げてしまっていることが問題です。

元々は「得票率」の問題であり、「投票率」を以て克服することはできません。検討すべきは「絶対得票率要件」です。

Q38 投票日はいつになるの？

A 国民投票の投票日は、国会が憲法改正の発議をした日から60日後180日以内となります。国会の議決により定められます。

国民投票では、国会が発議した憲法改正案の内容もさることながら、投票日がいつ「○年○月○日」に設定されるのか、という点も重要です。

選挙では、選挙管理委員会が期日の告示を行いますが（公職選挙法第5条、第31条等）、国民投票の投票日は国会の議決により、自ら定められるところが異なります。国会が憲法改正の発議をした後、速やかに、発議の日から起算して「60日以後180日以内」において議決を行います（国民投票法第2条、国会法第68条の6）。Q24では国民投票に至るまでの流れを解説しましたが、国民投票の投票日は、憲法改正原案の審査、審議の終局に近いタイミングで、各党会派間の合意を以て決せられると解されます。

国会が憲法改正の発議を行う日、以下のような状況であると考えられます。当日の参議院本会議で、衆議院から送付された憲法改正原案を可決したとします。参議院の可決を以て、憲法改正の発議となりますが、参議院本会議をここで一旦、休憩とします。休憩の間、衆議院では参議院の可決を受けて、「国民投票の投票日を○年○月○日とすること」を議決するための本会議を開き、国民投票の投票日を議決します。衆議院本会議の議決の後、参議院本会議を再開し、衆議院と同様、国民投票の投票日を○年○月○日と議決する（そして散会する）、という流れです。

国民投票の投票日の議決要件は、通常の議案と同じ、出席議員の過半数です（憲法第56条）。もっとも、各党会派間で国民投票の期日についても十分な合意が整っていないと、憲法改正原案の採決日程ないし賛否そのものに影響すると考えられるため、与党会派のみで決することは非現実的です。つまりこの場面でも、多人多脚走が成立している必要があるのです。また、先議院の側で投票日に関する一定の幅を決めて憲法改正原案を後議院に送付することは、後議院の審議権を事実上制約し（事実上、採決の期限を命じてしまう）、混乱を招きかねません。かえって、発議のハードルを上げることになり、政治的な配慮が必要です。

国民投票の投票日は、官報で告示されます（国民投票法第2条第3項）。憲法改正案の公示と同じく、発議当日の官報の特別号外によることが想定されます。

60日から180日という日程の幅

投票日は、発議の日から起算して60日以後180日以内で設定されます。期間の幅は広く、国会の裁量で決められます。

期間の最短が60日と定められたのは、国民投票の事務の執行に向けた国、自治体の準備作業に最低2か月を要すると判断されたからです。

期間の最長が180日と定められたのは、憲法改正案の内容によっては、半年程度の十分な期間をかけて、有権者一人ひとりが熟慮を重ねて、慎重に意見形成を行うことができるようにした方がいいという政策上の判断です。

繰上投票

投票期日には、繰上投票、繰延投票という例外があります。

島しょ部などで、国民投票の投票日に投票箱を送致することができない状況があるときは、都道府県の選挙管理委員会は、適宜にその投票の期日を定め、開票日までにその投票箱、投票録、投票人名簿(抄本)、在外投票人名簿(抄本)を送致させることができます(国民投票法第70条)。

繰延投票

天災その他避けることのできない事故により、①投票所において投票できないとき、または②更に投票を行う必要があるときは、都道府県の選挙管理委員会はさらに期日を定めて投票を行わせなければなりません。この場合、直ちにその旨を告示し、さらに定めた期日を少なくとも2日前(中一日)に告示しなければなりません(国民投票法第71条第1項、国民投票法施行令第59条)。

39 選挙と国民投票が同じ投票日になることもあるの？

A 国、地方の選挙と国民投票の投票日が同じになる可能性もあります。国民投票運動期間が60～180日と長いため、期間中に地方選挙の投票日が入ったり、運動期間どうしで重なることもあります。選挙と国民投票では、運動規制の対象が異なるので、十分に注意が必要です。

国民投票の投票日は、国会の議決により、発議の日から起算して60日以後180日以内の日に定められます。

この点、憲法第96条第1項は、「特別の国民投票」（国政選挙とは別の日に実施）または「国会の定める選挙の際行はれる投票」（国政選挙と同じ日に実施）の2つのパターンを想定していますが、国民投票法の制定時には、原則として特別の国民投票として実施することが、与野党会派間で合意をみていました。

その理由ですが、国政選挙と国民投票は、それぞれが行われる政治状況に本質的な違いがある点を踏まえてのことです。国政選挙、特に衆議院議員総選挙においては、与野党が政権公約を掲げながら、「政権選択」を最大の争点と位置付け、衆議院の議席の過半数を激しく相争う関係に立ちます。

他方、国民投票は、憲法改正の発議が、衆参両院の総議員の3分の2以上の賛成によるものとして、与野党の協調関係の上で成り立ち、実施されるものです。したがって、選挙時のように激しく相争う関係は想定されません。国政選挙と国民投票では、政治状況が180度異なるのです。

もっとも、国民投票の投票日が国政選挙と同じ日に設定されることは、法的にまったく許されないわけではありません。国会が憲法改正を発議した後、内閣が衆議院を解散し総選挙が行われる場合のほか、衆参議員の任期満了によって選挙が行われる場合において、選挙の投票日、選挙運動期間が国民投票の投票日、さらに期日前投票の期間と重なることもあり得ます(公職選挙法第31条、第32条)。政府見解も、有権者の利便、投票率が向上することなどを考慮しつつ、同日実施の可能性を排除していません。

国会議員の任期満了の前後30日は、選挙の投票日となる可能性があります。また、選挙運動期間との関係では、衆議院議員総選挙は投票日12日前、参議院議員通常選挙は投票日17日前までに公示されます。国民投票の期日前投票の期間（14日間）との重なり合いは、衆議院議員総選挙では任期満了日前42日間、満了日後44日間、参議

任期満了選挙の運動期間・期日と国民投票

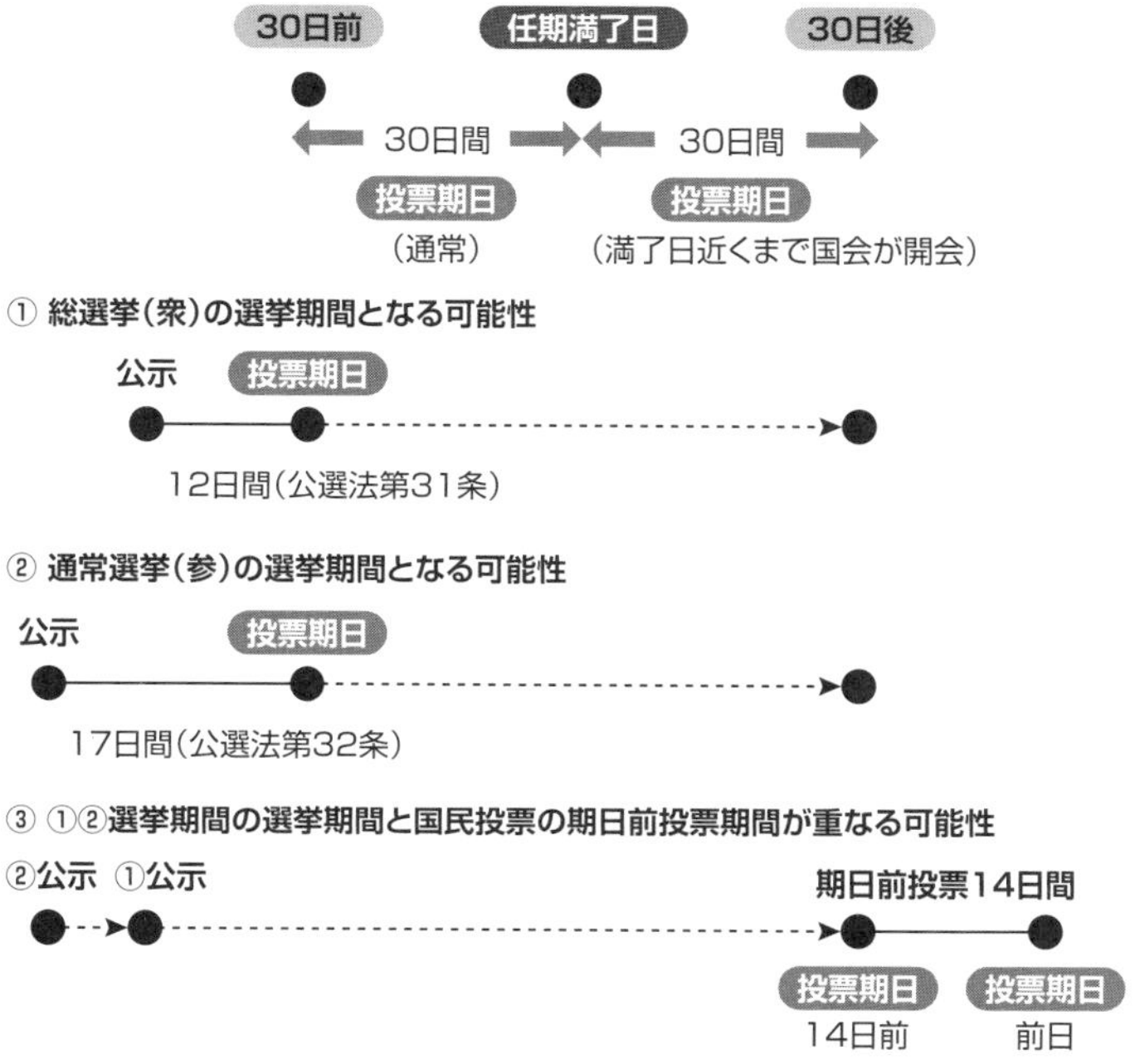

（出典）国民民主党「国民投票法改正案関係資料3-1」（2019年5月21日）を元に、筆者作成。

院議員通常選挙では任期満了日前47日間、満了日後44日間、となります。憲法改正案の内容にもよりますが、選挙、国民投票の運動期間が重なると、選挙において争点化が進んでしまい、国民投票の関心が低下してしまうことや、運動規制（罰則）の違いが、国民の間に混乱を拡げることも懸念されます。

端的に、前記の期間中に国民投票の投票日が当たることを避けるためには、例外的に投票日の幅を2か月程度延ばす（180日＋60日＝240日）ことが妥当です。この点は、国民投票法の改正が必要です。

政治活動との関係

公職の選挙が行われる区域で、選挙運動の期間中、政党等が一定の政治活動を行うことは制限されていますが（公職選挙法第201条の5～第201条の9）、国民投票法第108条は、選挙運動の期間中であっても、政党等が国民投票運動を行うことができるとし、国民投票運動の優位性を明確にしています。

Q40 収支報告はしなくていいの？

A 国民投票には、運動者（個人、団体など）が投票日後に収支報告をする義務はありません。もっとも、出処のわからない多額の資金が、特定の国民投票運動のために支出され、国民投票の手続き、結果の公正さに疑念を生じさせることがないよう、収支報告を法律上の義務とするほか、運動資金の上限を設けるなどの規制も検討すべきです。

まず、選挙の収支報告のシステムについて解説します。

公職の候補者はすべて、選挙運動に関する収入、支出の責任者（出納責任者）を1名、選任しなければなりません（公職選挙法第180条第1項第1号）。

そして、出納責任者は、選挙の投票日から15日以内に、次の事項を記載した「選挙運動収支報告書」を選挙管理委員会に提出しなければなりません（同法第185条第1項、第189条第1項第1号）。当該選挙で当選したか否かに関わらず、です。

①選挙運動に関するすべての寄附およびその他の収入（公職の候補者のために公職の候補者または出納責任者と意思を通じてなされた寄附を含む。）
②①の寄附をした者の氏名、住所および職業ならびに寄附の金額（金銭以外の財産上の利益については時価に見積つた金額）および年月日
③選挙運動に関するすべての支出（公職の候補者のために公職の候補者または出納責任者と意思を通じてなされた支出を含む。）
④③の支出を受けた者の氏名、住所及び職業並びに支出の目的、金額及び年月日

選挙運動収支報告書は公開され、その後3年間は閲覧することができます（公職選挙法第192条第1項～第4項）。

違法な寄附を受けていないか（同法第199条～第199条の4）、支出制限を超えていないかなど、すべての選挙（各候補者）の資金の流れを事後的にチェックでき、透明性が担保される仕組みとなっています。

収支報告の義務がない国民投票制度

他方、国民投票法は、国民投票運動を原則自由とする制度理念に則り（第100条等）、その運動費用（収入、支出）に関して何ら規制を定めていません。個人、団体（政党、政治団体、企業、NPO、任意のパートナーシップなど）を問わず、運動体として資金の受け皿を自由に作り、寄附等の収入を得ながら管理し、支出することができます。運動資金の収支を公表する制度はなく、報告義務も負いません。

選挙では、支出上限額を超えるものはすべて、違法な「裏金」と認識されます。しかし、国民投票では資金に関してそもそも「表・裏」の区別がなく、青天井です。さらに、政治資金収入としては禁止されている外国人、外国法人からの寄附も、国民投票運動のためには許されます。

出処不明の多額の資金が特定の国民投票運動に使われる問題

国民投票は、「自由」と「公正」がキーワードです。ことさら金銭に関しては、自由に費消されればされるほど、有権者の投票意思が不当に歪められるなどして、その公正を害するおそれが高くなるという、トレードオフの関係が成り立ちます。

深刻なのは、出処がわからない多額の資金が特定の国民投票運動のために拠出、費消された場合です。事実が後に明らかになり、国民投票の結果の公正が疑われる事態に至ったとしても、事後的なチェックが及ばないばかりか、選挙と異なり、やり直しが容易に利かないことから、消化できない政治的混乱を長年にわたって抱え込むことになります。特に、国民投票の案件が憲法改正案に対する賛否であることから、その影響は甚大です。Ｑ33では広告放送に関する規制を解説しましたが、デジタル国民投票運動広告などであれば、期間規制の適用もなく、費用支出が無限に可能となってしまいます。そこで、国民投票運動費用の支出等に対する疑念が生じないよう、選挙と同様、国民投票運動の費用支出に上限を設けるとともに、一定の要件に該当する運動者（個人、団体）に対して、登録と、国民投票運動収支報告書の作成、提出を義務付け、後に公開する制度を導入すべきです。国民投票運動に係る運動費用規制に関しては、Ｑ33で解説した国民投票法第2次改正法（２０２１年）附則第４条第2号ロにおいて、改正法の施行後3年（２０２４年9月18日）を目途に、「国民投票運動等の資金に係る制限」について必要な法制上の措置その他の措置を講ずるものとするとされています。法整備が滞りなく進むかどうか、今後の議論を注視する必要があります。

第6章

住民投票・リコール・国民審査

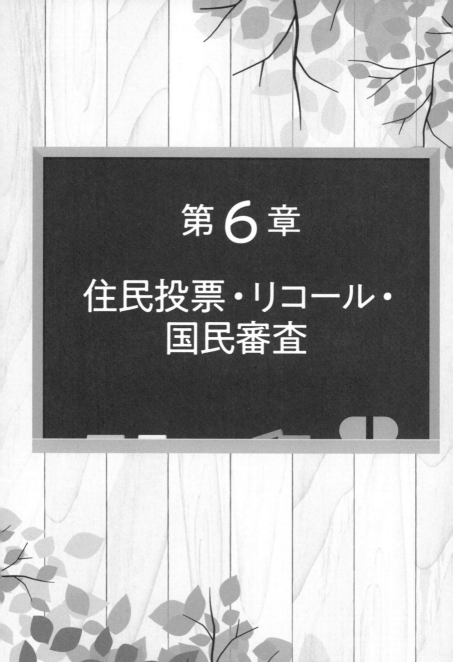

41 住民投票って、どんなテーマで行われるの？

A 一の地域の住民に対象を限定して行われるのが住民投票です。憲法、法律、条例を根拠に、過去には地方自治特別法、市町村合併、米軍基地問題などがテーマとなり、住民投票が行われています。

国民投票と住民投票はいずれも、特定の案件に対して国民ないし住民が表決を直接行う制度であり、直接民主主義に則る点で共通します。憲法には一つだけ、住民投票を定める条文（第95条）があります。

第95条は「一の地方公共団体のみに適用される特別法は、法律の定めるところにより、その地方公共団体の住民の投票においてその過半数の同意を得なければ、国会は、これを制定することができない」と定めています（地方自治特別法の住民投票）。特別法が国会で成立すると、内閣を通じて当該地方公共団体（自治体）に通知がなされ、その通知の日から31日以後60日以内に住民投票が行われます（地方自治法第２６１条）。

地方自治特別法の住民投票

	法律名	住民投票の投票日	法律の公布日
1	広島平和記念都市建設法	1949年7月7日	同年8月6日
2	長崎国際文化都市建設法	1949年7月7日	同年8月9日
3	首都建設法	1950年6月4日	同年6月28日
4	旧軍港市転換法	1950年6月4日	同年6月28日
5	別府国際観光温泉文化都市建設法	1950年6月15日	同年7月18日
6	伊東国際観光温泉文化都市建設法	1950年6月15日	同年7月25日
7	熱海国際観光温泉文化都市建設法	1950年6月28日	同年8月1日
8	横浜国際港都建設法	1950年9月20日	同年10月21日
9	神戸国際港都建設法	1950年9月20日	同年10月21日
10	奈良国際文化観光都市建設法	1950年9月20日	同年10月21日
11	京都国際文化観光都市建設法	1950年9月20日	同年10月22日
12	松江国際文化観光都市建設法	1951年2月10日	同年3月1日
13	芦屋国際文化住宅都市建設法	1951年2月11日	同年3月3日
14	松山国際観光温泉文化都市建設法	1951年2月11日	同年4月1日
15	軽井沢国際親善文化観光都市建設法	1951年7月18日	同年8月15日

何が「特別法」に該当するのか、条文上は必ずしも明らかではありませんが、一般的には自治体の本質に関わる不平等、不利益な特例を設ける法律が該当すると解されています。

しかし政府は、「国の事務や組織について規定するものであって、自治体の組織、運営、権能に関係のないものは、地方自治特別法に該当しない」との見解を維持しており、当てはめ（実際の住民投票の執行）はかなり限定的なものとなります。北海道、沖縄という一定の地域に係る法律であっても「国の事務や組織」の問題として捉える傾向が強いのです。

地方自治特別法の住民投票は、表のとおり、15例にとどまっています（すべて可決）。70年以上実施されておらず、今や、制度としては機能していないことがわかります。

法律に基づく住民投票

法律に基づく住民投票として、みなさんの記憶に新しいのは、いわゆる大阪都構想の住民投票でしょう。2015年5月17日、2020年11月1日の二度行われていますが、いずれも反対多数で否決されています。

実施の根拠は、大都市地域における特別区の設置に関する法律（2012年9月5日法律第80号）です。道・府・県の区域内で政令指定都市と隣接市町村の人口が200万人以上の地域が「特別区」を置くことができる制度（手続き）を定めています。道・府・県と関係自治体で「特別区設置協定書」を作成し、議会の承認が得られた場合には、60日以内に賛否を問う住民投票が行われます（大都市地域特別区設置法第7条第1項）。

近年はあまり実施されなくなりましたが、市町村の合併の特例に関する法律（2004年5月26日法律第59号）に基づく、合併協議会設置の請求に係る住民投票（第4条第10項など）の例もあります。

いずれにせよ、住民投票の実施に関する規定を持つ法律の数も少ないのが現状です。

条例に基づく住民投票

近年、全国的に注目されたのが、沖縄県で2019年2月24日に行われた「辺野古米軍基地建設のための埋立ての賛否を問う県民投票」です。この県民投票は、辺野古米軍基地建設のための埋立ての賛否を問う県民投票条例（2018年10月31日沖縄県条例第62号）に基づいて行われています。投票率52・48％、投票総数60万５３８５、「賛成」11万４９３３票、「反対」43万４２７３票、「どちらでもない」５万２６８２票という結果となっています。

沖縄県では過去にも、日米地位協定の見直し及び基地の整理縮小に関する県民投票（１９９６年９月８日）、名護市における米軍のヘリポート基地建設の是非を問う市民投票（１９９７年12月21日）が、条例に基づいて行われています。

日本で最初の例となったのが、巻町（現・新潟市）における原子力発電所の建設に関する住民投票（１９９６年８月４日）でした。また、岐阜県御嵩町では、産業廃棄物処理施設の設置についての住民投票（１９９７年６月22日）が行われています。過去には、原発、産廃といった忌避施設の建設等の賛否を問う例が多くあります。

現在、住民投票の実施条例をすでに制定しており、一定数の住民等の要求があれば任意に住民投票を行うことができる自治体と、そうでない自治体があります。そうでない自治体においては、Ｑ43で解説するとおり、地方自治法に基づく直接請求（条例制定）を行い、条例を整備する必要があります。

Q42 住民投票では、外国人も投票できるの？

A 各地の住民投票条例の中で、永住外国人の投票権を認めているものがあります（滋賀県米原市、愛知県高浜市など）。すべての住民投票で、日本人の住民と同じように外国人に投票権が認められているわけではありません。住民自治の重点の置き方が、制度設計のあり方に反映しています。

国民投票、住民投票は、直接民主主義という制度理念では共通しますが、ルール設定の細部は異なります。違いの一つは、投票権者の範囲にも現れています。住民投票では、永住外国人の投票権を認めている例があります。

まず、米原市（滋賀県）の住民投票条例（２０１９年9月27日条例第20号）第３条第１項第2号を確認しましょう。３か月以上、住民として居住している永住外国人に投票権を認めています。

第3条【投票資格者】

① 住民投票の実施を請求することができる者および住民投票の投票権を有する者(以下これらを「投票資格者」という。)は、次の各号のいずれかに該当するものとする。

一 年齢満18年以上の日本国籍を有する者で、その者に係る本市の住民票が作成された日(他の市町村から本市に住所を移した者で住民基本台帳法(昭和42年法律第81号)第22条の規定により届出をした者については、当該届出をした日。次号において同じ。)から引き続き3か月以上本市の住民基本台帳に記録されている者

二 年齢満18年以上の永住外国人で、その者に係る本市の住民票が作成された日から引き続き3か月以上本市の住民基本台帳に記録されている者

② 前項第2号に規定する「永住外国人」とは、次の各号のいずれかに該当する者をいう。

一 出入国管理及び難民認定法(昭和26年政令第319号)別表第2の上欄の永住者の在留資格をもって在留する者

二　日本国との平和条約に基づき日本の国籍を離脱した者等の出入国管理に関する特例法（平成3年法律第71号）に定める特別永住者

米原市は、町制下にあった2002年3月31日、周辺自治体との合併に関する住民投票を行った際、日本で初めて永住外国人の投票権を認めたことでも知られています。また、高浜市（愛知県）の住民投票条例（2002年7月9日条例第33号）第8条、我孫子市（千葉県）の市民投票条例（2004年3月30日条例第9号）第3条も、米原市条例と似た書きぶりで、永住外国人の投票権を認めています。

▼高浜市条例

第8条【投票資格者】

① 住民投票の投票権を有する者（以下「投票資格者」という。）は、次の各号のいずれかに該当する者とする。

一　年齢満18年以上の日本国籍を有する者で、引き続き3月以上高浜市に住所を有するもの

二　年齢満18年以上の永住外国人で、引き続き3月以上高浜市に住所を有するもの

②　前項第2号に規定する「永住外国人」とは、次の各号のいずれかに該当する者をいう。

一　出入国管理及び難民認定法（昭和26年政令第319号）別表第2の上欄の永住者の在留資格をもって在留する者

二　日本国との平和条約に基づき日本の国籍を離脱した者等の出入国管理に関する特例法（平成3年法律第71号）に定める特別永住者

▼我孫子市条例

第3条【投票資格者】

①　市民投票の投票権を有する者（以下「投票資格者」という。）は、年齢満18年以上の日本国籍を有する者又は永住外国人で、その者に係る本市の住民票が作成された日（他の市町村（特別区を含む。）から本市に住所を移した者で住民基本台帳法（昭和42年法律第81号）第22条の規定により届出をしたものについては、

当該届出をした日）から引き続き3月以上本市の住民基本台帳に記録されているものであって、規則で定めるところにより調製する投票資格者名簿に登録されているものとする。

② 前項に規定する「永住外国人」とは、次の各号のいずれかに該当する者をいう。

一 出入国管理及び難民認定法（昭和26年政令第319号）別表第2の上欄の永住者の在留資格をもって在留する者

二 日本国との平和条約に基づき日本の国籍を離脱した者等の出入国管理に関する特例法（平成3年法律第71号）に定める特別永住者

また、前出の条例とは異なる書きぶりですが、上越市（新潟県）の市民投票条例（2012年3月27日条例第5号）第3条も、永住外国人の投票権を認めています。

第2条【定義】

①（略）

② この条例において「永住外国人」とは、次の各号のいずれかに該当する者を

いう。

一　出入国管理及び難民認定法（昭和26年政令第３１９号）別表第２に掲げる永住者の在留資格をもって在留する者

二　日本国との平和条約に基づき日本の国籍を離脱した者等の出入国管理に関する特例法（平成３年法律第71号）に定める特別永住者

第３条【投票資格者】　自治基本条例第39条第２項に規定する請求権者は、次の各号のいずれにも該当する者（以下「投票資格者」という。）とする。

一　年齢満18歳以上の市民

二　住民基本台帳法（昭和42年法律第81号）に基づき、本市に住民票が作成された日（他の市区町村から本市の区域内に住所を移した者で同法第22条の規定により届出をしたものについては、当該届出をした日）から引き続き３箇月以上本市の住民基本台帳に記録されている者

三　次のいずれかに該当する者

ア　日本の国籍を有する者

イ　永住外国人

さらに、大和市（神奈川県）の住民投票条例（2008年3月30日条例第1号）第3条は、投票権年齢を「16歳以上」とした上で、永住外国人の投票権を認めています。

第3条【請求及び投票の資格】

① 自治基本条例第31条第1項の規定による住民投票の実施の請求（以下「住民請求」という。）をすることができる本市に住所を有する年齢満16年以上の者及び同条第5項の規定により住民投票の投票権を有する本市に住所を有する年齢満16年以上の者（以下「投票資格者」という。）は、次の各号のいずれかに該当する者であって、第7条に規定する投票資格者名簿に登録されている者とする。

一 年齢満16年以上の日本国籍を有する者で、引き続き3月以上本市に住所を有する者（その者に係る本市の住民票が作成された日（他の市町村から本市に住所を移した者で住民基本台帳法（昭和42年法律第81号）第22条の規定により届出をしたものについては、当該届出をした日）から引き続き3月以上本市の住民基本台帳に記録されている者に限る。）

二 年齢満16年以上の定住外国人で、引き続き3月以上本市に住所を有する者（その者に係る本市の住民票が作成された日（他の市町村から本市に住所を移した者で住民基本台帳法第22条の規定により届出をしたものについては、当該届出をした日）から引き続き3月以上本市の住民基本台帳に記録されている者に限る。）

② 前項第2号に規定する定住外国人とは、次の各号のいずれかに該当する者をいう。

一 出入国管理及び難民認定法（昭和26年政令第３１９号）別表第2の上欄の永住者の在留資格をもって在留する者

二 出入国管理及び難民認定法別表第2の上欄に掲げる在留資格をもって在留する者（前号に掲げる者を除く。）であって、引き続き3年を超えて日本に住所を有するもの

三 日本国との平和条約に基づき日本の国籍を離脱した者等の出入国管理に関する特例法（平成3年法律第71号）に定める特別永住者

もっとも、永住外国人の投票権を認める例は必ずしも一般的とはいえず、野田市（千葉県）の住民投票条例（２０１１年６月29日条例第18号）第13条、川口市（埼玉県）の市民投票条例（２０１３年３月22日条例第10号）第５条などが定める投票権者は、「選挙」と同じ範囲（18歳以上の日本人住民）となっています。

結局、投票権者の範囲は、住民自治（地域のことは地域住民が決める）の重点の置き方、制度設計のあり方に拠ります。行政サービスによる「受益」と住民の「負担」の関係がより近い関係にあり、投票案件が判断に馴染みやすいことを重視すれば、選挙よりも広い投票権者の範囲を志向し、永住外国人の投票権を容認すべき方向に傾きます。

43 Q 住民投票を行うにはどうしたらいいの？

A 法律上の根拠がある場合を除いて、住民投票を行うには、その実施の手続きを定める条例が必要です。住んでいる自治体に住民投票条例が無ければ、地方自治法が定めるところにより、「条例制定の直接請求」という制度を活用することができます。また、すでに住民投票条例が制定されている自治体では、その条例の規定に従って、住民投票の実施を請求することができます。

通常行われる選挙（国、地方）において、原発、産廃、米軍基地など各地域固有の問題案件（政策）がストレートに争点化されれば、投票を通じて住民（有権者）の意思が忠実に反映されます。

しかし、「人」を選ぶ選挙では一般的に、シングルイシューの争点化が必ずしも成立せず、多くの有権者はやむなく多面的な価値判断を以て投票に至ります。その結果、選挙を何度繰り返しても（繰り返されても）、「民意が反映されているのかどうか」疑義が拭えない問題案件が、多かれ少なかれ存在しています。

住民投票は、特定の問題案件に対する有権者の意思を直接、表決によって投票結果に反映させる直接民主主義のシステムです。さほど頻回には機会がありませんが、間接民主主義に則る選挙を補完する意義が認められます。

請求代表者、受任者、署名者は「18歳」で可

住民投票を行うには、その実施の手続きを定める条例が必要です。条例が無ければ、自治体に対してその制定を請求するため、住民自らが一定のイニシアティブを執ることができます(条例制定直接請求)。地方自治法(第74条～第74条の4)、その細則を定める地方自治法施行令(第91条～第99条)が、具体的な手続きを定めています。

直接請求運動を主導するのが請求代表者で、選挙権を有する者(18歳以上、3か月以上居住)であることが要件です。請求代表者は、1か月以内に、有権者の50分の1以上の署名(法的に有効であることが必要)を集めれば、当該自治体の首長に対し、条例制定の請求を行うことができます(都道府県、政令指定都市の場合は2か月以内)。また、請求代表者は、有権者に委任して、署名を集めさせることもできます。

首長は、請求の日から20日以内に議会を招集し、条例案を付議します。条例案が議会で可決されれば、公布、施行されます（否決されれば、終了です）。そして、条例の定めに従って、住民投票が行われるという流れです。

▼条例制定直接請求の手続き、流れ

①　請求代表者の証明等の手続き（@選挙管理委員会）
↓　告示
②　署名運動期間　１か月以内（＊都道府県、政令市では２か月以内）
↓　有権者50分の１以上の署名
↓　期間満了日の翌日から５日以内（＊都道府県、政令市では10日以内）、
　　署名者は取消可能
③　請求代表者、選管に署名簿を提出
↓
④　選管、署名簿の審査・効力の決定
↓　縦覧（７日間）、署名簿の返付

←　返付から5日以内（*都道府県、政令市では10日以内）

⑤　請求代表者、首長に直接請求

←　20日以内

⑥　首長、議会を招集し、意見（賛否その他）を付して条例案を付議

←　審査、請求代表者の意見陳述

⑦　議会、条例案を可決

←

⑧　住民投票条例の公布、施行

←

⑨　住民投票の執行

2019年沖縄県民投票のケース

２０１９年2月24日に行われた沖縄県民投票は、都道府県レベルの条例制定直接請求であったことに加え、途中で条例の改正が行われたこともあり（選択肢の追加）、請求代表者証明書の交付から県民投票の実施まで9か月を要しました。

条例制定直接請求は、一般的に長いプロセスを経ますが、住民自らが表決（投票）までの道筋を立てることができる点では、絶対的なアドバンテージを有しています。しかし、沖縄県民投票の経験が繰り返し示すように、住民投票の結果は完全な法的拘束力を有するものではなく、「尊重」されるにとどまります。投票結果を踏まえた政策選択を行う旨の政治的担保をどう取るか、という難題がなお立ちはだかっています。

○2018年
5月22日　有権者の50分の1の数（2万3142）の告示
5月23日　請求代表者証明書の交付（告示）
5月23日〜7月23日　署名期間（2か月間）
↓
（署名期間後）県内市町村における署名の効力審査、署名簿の返付
9月5日　知事に対する直接請求（総署名数10万950／有効署名数9万2848）
9月6日　請求代表者の氏名・住所、請求の要旨の告示

9月20日　知事、意見を添えて議会に付議
10月31日　県民投票条例公布、施行
12月14日　県民投票条例施行規則公布、施行
○2019年
1月31日　県民投票条例の一部を改正する条例公布、施行（選択肢を二択から三択へ変更）
2月8日　不在者投票ができる施設の告示
2月14日　県民投票・告示
2月24日　県民投票・投開票
・投票総数60万5385　投票率52・48％
・賛成11万4933／反対43万4273／どちらでもない5万2682
・無効票3497

常設型の住民投票条例があれば、それに拠る

Q42で解説したところの、上越市（新潟県）、米原市（滋賀県）、高浜市（愛知県）、大和市（神奈川県）、我孫子市（千葉県）、野田市（同）、川口市（埼玉県）の各住民（市民）投票条例は、「常設型」と呼ばれるものです。住民投票を始める場合には、その都度、直接請求によって条例を新たに制定する必要がありません。高浜市条例のように、一定数の住民の請求があれば、議会の同意を要せず（ここがポイント）、住民投票を自動的に行うことができる制度もあります。他方、米原市条例のように、住民の請求を認める一方、議会の「拒否権」を定めている例もあり、制度設計は様々です。

常設型の住民投票条例を制定する動きは各地で広がりを見せつつも、その制度内容に関しては、なお試行錯誤が続いています。みなさんの地域ではどのような動きがあるか、一度調べてみてください。

Q44 国会で寝ている議員を辞めさせることはできるの？

A 国会議員に対するリコール（罷免）は、法律を制定すれば不可能ではないと考えますが、実施のコストなどを考慮する必要もあります。自治体議員に対するリコールは、地方自治法で制度化されています（第80条など）。

選挙（国、地方）は、一生のうちに何度も経験するものですが、自ら投票したか否かに関わらず、「辞めさせたい議員」は、しばしば現れます。政治的な主義、主張の不一致がその理由ではなく、買収、収賄などの罪によって逮捕、起訴され、その身柄が拘束されて、議員活動が実質的に不可能な状態に至っても、堂々と職に在り続ける狡猾さに、率直に不快な思いを抱くのは筆者だけではないはずです。

被疑者、刑事被告人として有する権利は保障されなければなりませんが、議員としての職に在り続けられるか（続けるべきか）は、まったく別の問題です。また、すべての議員（国、地方）には任期があり、その満了日には自動的に職を解かれるわけですが、その日を待つばかりでは、議会その他民主主義に関わる機能の回復が遅れてしまいます。自ら辞職すれば済みますが、そうでなければ「辞めさせる選択」（リコール）はできないものでしょうか。

憲法第15条第1項は、「公務員を選定し、及びこれを罷免することは、国民固有の権利である」と定めています。「選定」だけでなく「罷免」に議員を含めることはできるのか、問題となります。

国会議員のリコールは、立法政策上の課題に行き着く

この点、衆参の国会議員のリコールに関しては、①憲法は、議員の資格喪失事由について、限定していること（第55条・資格争訟、第58条第2項・除名）、②選挙によって選出された議員はすべて「全国民の代表」という職位にあり（憲法第43条第1項）、一部の国民の代表者ではないこと、などを根拠に否定する見解もあります。

しかし、前述の第15条第1項の趣旨からは、議員のリコールを完全に否定しているとまでは言い難く、立法政策上の課題である（新たに法律が制定されれば可能）と考えます。もっとも、議員リコール法（仮称）を制定する際にも、賛否を問う投票の実施

（事務）に要するコストを十分に考慮する必要があります。

自治体議員は、地方自治法の規定で可能

他方、自治体議員のリコールに関しては、地方自治法第80条以下が、その手続きを定めています。

有権者総数3分の1以上の連署を以て、その選挙区で選挙された議員のリコールを請求することができます（第80条）。リコールの賛否を問う住民投票が行われ、過半数の同意を得た場合には失職します（第83条）。ただし、議員となった日（その就職の日）から1年以内は、リコールの請求を行うことができません（第84条本文）。

45 Q 最高裁判所裁判官の国民審査ってなに?

A 国民審査は、最高裁判所裁判官の任命を国民の民主的な統制の下に置く趣旨で行われています。審査は、罷免を「可」とする裁判官に「×」を付す方式です。今まで罷免された裁判官は一人もおらず、制度の意義を疑問視する立場もあります。

憲法第15条第1項は「公務員を選定し、及びこれを罷免することは、国民固有の権利である」と定めています。この「罷免」に関して憲法が唯一具体的に定めるのが、最高裁判所裁判官の国民審査です(憲法第79条)。

最高裁判所の裁判官は内閣が任命し、天皇が認証します(憲法第7条第5号、裁判所法第39条第2項・第3項)。長官は、内閣が指名し、天皇が任命します(憲法第6条第2項、裁判所法第39条第1項)。

任命後初めて行われる衆議院議員総選挙の際に、国民審査も行われます。投票所では、総選挙の二枚目の投票用紙(比例区)と一緒に審査用紙が交付されます。

罷免させたい裁判官に「×」を付す方式

国民審査の具体的な手続きは、国民審査法（1947年11月20日法律第136号）が定めています。

まず押さえていただきたいのは、投票の方法です。国民審査法第15条第1項は、「審査人は、投票所において、罷免を可とする裁判官については、投票用紙の当該裁判官に対する記載欄に自ら×の記号を記載し、罷免を可としない裁判官については、投票用紙の当該裁判官に対する記載欄に何等の記載をしないで、これを投票箱に入れなければならない」と定めています。

罷免させたい（辞めさせたい）裁判官には「×」の記号を付し、罷免させたくない場合は「白票」のまま投票するシステムです（対象裁判官の氏名を書くわけではありません）。「×」の投票が「白票」よりも多ければ（投票総数の過半数）、当該裁判官は罷免されます（憲法第79条第3項、国民審査法第32条第1項本文）。この点、裁判官を信任するつもりで、うっかり「○」を付すと、無効票になってしまいます（国民審査法第22条第1項第2号）。注意が必要です。

法令上の理屈としては、任命する権限のある者が罷免する権限も有しますが、内閣が国民審査の結果を受けて、裁判官を罷免するわけではなく、直接に罷免の効果が生じます。憲法改正国民投票と同じく、直接民主主義の現れです。

罷免された裁判官は「ゼロ」

国民審査制度が始まって以来、前記の投票方式に従って行われていますが、罷免された裁判官は一人もいません。「制度として意味がないのでは？」「税金の無駄では？」という声をよく耳にしますし、そもそも最高裁判所という機関に馴染みがなく、裁判官の氏名、実績さえわからないという意見も多く聞かれます。

しかし、憲法が国民審査の制度を設けた趣旨は、最高裁判所裁判官の任命を国民の民主的な統制の下に置くことです。最高裁判所は、違憲審査権を有する終審裁判所として（憲法第81条）、「憲法の番人」としての役割を担っています。そして、誰が「憲法の番人」の番人を担うのか（担うべきか）を考えてみれば、国民主権の下では国民しか存在せず、国民の権利と自由を守る「最後の砦」として制度が活用されるべきなのです。したがって、憲法改正を行ってまで、審査制度を無くすことは妥当ではありません。

近年は、審査公報(国民審査法第53条)の内容も工夫が施され、インターネット上でも公開されています。対象裁判官の経歴、関与した裁判例などの情報を踏まえ、罷免の可・不可を判断すべきです。

毎回6億円強の執行経費

Q10では、国政選挙の執行経費について解説しましたが、国民審査についても表でまとめました。近年は、6億円強で推移しています。国民一人当たり約「5円」の経費となります。

最高裁判所裁判官国民審査の執行経費(単位:千円)

審査日	執行経費総額
1990年2月18日	535,144
1993年7月18日	603,825
1996年10月20日	618,706
2000年6月25日	642,179
2003年11月9日	637,941
2005年9月11日	617,483
2009年8月30日	621,727
2012年12月16日	677,675
2014年12月14日	646,998
2017年10月22日	664,239

(出典)総務省自治行政局選挙部『衆議院議員総選挙・最高裁判所裁判官国民審査結果調』をもとに、筆者作成。

投票箱

第7章

将来の
選挙・国民投票

46 Q スマホで投票できるようになるの？

A 日本でも、インターネット投票を導入すべきとの声が高まっています。特に、普及率が高く、持ち運びも便利なスマホによる投票は、任意の時間、場所で容易にアクセスできるメリットはありますが、本人認証、セキュリティの確保などで課題を残しています。当面は、マイナンバーカードを利用した方法による制度を確立し、普及させることが課題です。

ＩＣＴの発達、普及とともに、選挙、国民投票のＤＸ（デジタル トランスフォーメーション）も避けられない課題となっています。

みなさんの日常生活で、スマートフォンは欠くことのできない便利アイテムになっていると思います。ＳＮＳ上のコミュニケーションはもちろん、チケットの予約、申込みや、代金の決済など、スマホ一台でできる時代です。選挙の際も、わざわざ投票所に行くことなく投票することができればどれほど便利か、想像に難くありません。

クリアすべき課題

スマホ投票を実現するには、いくつかクリアすべき課題があります。第一に、本人認証のあり方です。ＩＤやパスワードを入力し、他人に成りすまして投票する行為をどう防ぐか、という問題があります。第二に、投票の秘密をどう確保するか、という問題です。本人の情報が投票のデータと一体化していれば、誰が誰に投票したかが判明してしまうおそれがあります。第三に、大規模通信障害が発生した場合に、一部の有権者の投票ができなくなることです。最近では、２０２２年7月2日から5日にかけて、ＫＤＤＩ(au・UQ Mobile)の通信障害が発生した事件が記憶に新しいところです。今後、他社とのローミング接続などを安全に実現できるかどうかがポイントです。第四に、データ改ざんのリスクが伴うことです。外部からのサイバー攻撃、フィッシングを防止することや、個々のユーザーによるセキュリティ対策を万全に講ずる必要があります。以上の課題が残っていることからすれば、直ちにスマホ投票が実現できる環境にはありませんが、条件整備としては「マイナンバーカード」の普及をさらに推進していくことが不可欠といえます。２０２０年、全国民が対象となった特別定額給付金(10万円)では、オンラインによる申請(電子署名)では、郵送申込みよりも給付が早くなるメリットがありました。この方式を応用すれば、選挙、国民投票だけでなく、Q43で解説した条例制定直接請求の手続きなどでも、選管のウェブサイトに専用ページを設けて、署名を行うことができます。オンラインによる方式であれば、紙の署名簿よりも、署名の有効・無効を審査する負担が軽減されます。

まずは在外投票での導入を

インターネット投票の導入は、海外在住の有権者による投票(在外投票)において大きなメリットを生みます。在外投票は、①郵便投票、②在外公館投票、③帰国投票、の3つの方法がありますが、いずれも投票人の負担が大きく、時間的制約が伴うものです。①郵便投票は、投票用紙を郵便で申請し、日本から送付してもらい、記入して送付するという「一往復半」の手続きになっています。②在外公館投票も、近くに大使館がないケースでは、移動するだけでも時間、コストがかかります。③帰国投票は、日程上の都合がつかなければそもそも不可能です。国によって通信環境、安全レベルが異なるので一概にはいえませんが、導入を着実に進めていき、制度への信頼性を高めていくことが大切です。

47Q 被選挙権年齢の引き下げは実現するの？

A 次回２０２５年７月の参議院議員通常選挙、同年10月に任期満了を迎える衆議院議員の総選挙に向けて、各党の合意形成が進み、結論を得た上で、制度改正が実現することが期待されます。協議の場を設け、スケジュール感を持って議論を進めることが肝要です。

Ｑ01で、選挙の原則としての「自由選挙」があり、その中に「立候補の自由」があることを解説しました。被選挙権は、選挙権と表裏の関係にあることを改めて確認しておきましょう。被選挙権年齢（公職の選挙に係る候補者の資格を得る年齢）は、その公職（公職選挙法第3条）ごとに法律で決められています。

衆議院議員、市区町村長、自治体議会の議員は「25歳以上」とされ（公職選挙法第10条第1項第1号第3号第5号第6号、地方自治法第19条第1項第3項）、参議院議員、都道府県知事は「30歳以上」とされます（公職選挙法第10条第1項第2号第4号、地方自治法第19条第2項)。議会、行政庁で重要な意思決定を行う役職であり、一定の年齢に達していることを当然考慮しなければならないものの、選挙権年齢(18歳以上)と比べれば7歳、12歳という較差があり、政治参画への機会を著しく制限していると言わざるを得ません。

また、2022年4月1日には成年年齢が18歳に引き下げられ、18歳に達すれば親の同意なくして様々な契約(売買、ローン、レンタルなど)が結べるようになっており、法的に「一人前」と扱われる一般的な年齢が18歳であることに鑑みると、「25歳」ないし「30歳」というのは、大きくかけ離れていると言わざるを得ません。

スケジュール感のある各党協議が不可欠

主要な国政政党は現在、被選挙権年齢の引き下げについて「総論賛成」ではありながら、法整備に向けた議論は決して捗っていません。近時は、衆議院会派の「立憲民主党・無所属」が2022年5月20日、「公職選挙法及び地方自治法の一部を改正する法律案」(第208回国会衆法第39号、審議未了により廃案)を提出したのが唯一の動きであり、その中では、被選挙権年齢「25歳以上」を「18歳以上」に、「30歳以上」を「23

歳以上」にそれぞれ引き下げる提案がなされています。

およそ、この方向性（結論）で妥当ではないかと考えます。法案は、全会一致の賛成によることが望ましく、各党協議会の枠組みで、法案づくりが進められることに期待します。ここまでの引き下げが一気にできなければ、最低限、「30歳以上」を「25歳以上」に引き下げることを第一歩とすべきでしょう。この点は特に国会（議員、政党）任せにすることなく、若いみなさんの声と力で、「先送り癖の強い政治」に動きを与えてください。

少年法上限年齢の引き下げも必要

被選挙権年齢を18歳以上に引き下げるのであれば、少年法の上限年齢も揃えて「18歳」に引き下げるべき、との議論は当然避けられません。自らの選挙犯罪に関して、保護処分となり有罪を免れた「18歳議員」が、失職することなく（公民権を停止されず）活動を続けるのは、一般的な理解が得られないでしょう。法律どうしの「ヨコの関係」も整理しなければなりません。18歳成年法、少年法等改正法から続く課題です。

48 Q 憲法改正以外の国民投票は実施されるの？

A 現行の国民投票法とは別に、法律（実施法）を定めれば、憲法改正以外の重要な国政問題についての賛否を問う国民投票（一般的国民投票）も可能です。しかし、投票結果に法的拘束力を認めることはできず、政治的約束として「尊重」されるにとどまります。

憲法第96条は、国会が発議した憲法改正案を対象とする国民投票について定めています。国会が憲法改正の発議をした場合には、国民投票が必ず実施されます。そして、その国民投票の結果（承認・不承認）は、国およびその機関（国会、内閣、裁判所、地方自治体など）を法的に拘束します。したがって、憲法改正国民投票は、「必要的・拘束的国民投票」と分類することができます。

他方、憲法改正以外の国政問題を対象とする一般的国民投票は、憲法上その根拠となる規定がありません。とはいえ、憲法が完全に禁止しているとまでは解釈できません。憲法は、「間接民主制」を国政の原則として採用していますが（前文、第43条）、通常の政治のプロセスでは国民の意思を集約することができない重要な問題が顕在化した場合など、補完的な意味で一般的国民投票を実施する意義が認められるといえます。憲法自体、一般的国民投票を許容していると解されます。

仮に一般的国民投票を制度化する場合には、当該国民投票の結果に国およびその機関が法的に拘束されないことが前提条件となります（任意的・諮問的国民投票）。もっとも、法的拘束力がないからといって、投票結果が反故にされることがないよう、国民投票の実施を提案した政党が「投票結果を尊重する」旨、国民との間で明確な約束をすることが肝要です。

別に法律を制定すれば、一般的国民投票は可能

現行の国民投票法は、憲法改正案のみを対象とする制度設計となっています。憲法改正以外の重要な国政問題についての賛否を問う国民投票を実施しようとする場合は、根拠となる国民投票法を別に制定する必要があります。ただし、どのような国政問題が案件となろうとも、賛否を問う形式である限り、手続的には憲法改正国民投

票と似たものとなります。Q25で解説した法律の骨格はほぼ変わらないと解されます。

案件の選択では、①国政問題に係る重要な案件であること、②国民投票を行う現実的必要性があること、③国民に賛否を問うことができる案件であること、④国民投票に諮らなければ、賛否の予想ができない案件であること、⑤国民に適切な設問と選択肢が与えられること、といった要件を充たす必要があります。

天皇「生前退位」の国民投票が必要だった

重要な国政問題としてまず思い浮かぶのは、「天皇の生前退位」の問題です。

第125代天皇明仁陛下(現・上皇)が2016年8月8日、生前退位の意向をにじませた「お気持ち」を表明されました。結果として、天皇の退位等に関する皇室典範特例法(2017年6月16日法律第63号)の制定が、法的にも政治的にも安定した着地点となりましたが、天皇の地位は「主権の存する日本国民の総意に基く」(憲法第1条)と定められている以上、生前退位は必然的に「総意」に触れる問題となります。法整備を行う前に、憲法改正を前提としない一般的制度としての「生前退位」の賛否について、国民投票を行うべきだったと考えます。

49 Q 将来、AIが政策を決める時代がくる？

A 個人の選好にAI（人工知能）が大きく影響する時代です。AIによって、物事の調査、判断が楽になるなど便利さは実感できるものの、「おすすめ」に過度に依存したり、知らず知らずのうちに「囚われの身」となるのは、自由ないし決定権の放棄に他なりません。憲法で保障される権利・自由の価値、民主主義の意義さえ問われている中、AIに対する抑制的な姿勢が求められます。

個人の認知、判断、そして行動の選択にAI（Artificial Intelligence・人工知能）が大きく影響しています。特にグーグル、ヤフーといった巨大デジタルプラットフォームが、インターネット上の閲覧履歴、検索用語など膨大なデータを集積しつつ、私たちユーザーに対し、「おすすめ」と称して様々な記事、動画、広告などを表示します。知らず知らずと、そうした提供情報に囚われ、興味、関心、思考判断、行動が一定の領域にとどまってしまうフィルター・バブルという現象も起きています。個人のプロファイリングによる差別化も、弊害として指摘されています。

近年は、選挙に際しても無料の「マッチングアプリ」などが登場し、政策的な選好など必要な項目を入力しさえすれば、投票先に相応しい候補者、政党を教えてくれるアイテムもあります。判断に迷ったときに、このようなアプリが活用できれば便利には違いありません。

しかし、有権者としての判断、選択にＡＩが介在することは、その分、権利、自由の価値を蔑ろにし、犠牲にする側面があります。極論すれば、ＡＩが政策を決定するのであれば、議会も選挙も要らない、ひいては憲法も無用だ、という話になってしまいます。また、ＡＩ自体が、特定の個人のプライバシーを侵害したり、集団に対する差別を助長するような判断を行っている場合には、当然、排除すべきことは言うまでもありません。

民主主義（多数派による決定）には、絶えず間違いが付きまといます。人は誤りがちな存在であるという前提で、ＡＩに対する抑制的な態度を持ちつつ、選挙、国民投票などに向き合っていく必要があります。

ＡＩは、個人の尊重・幸福追求権（憲法第13条）、思想・良心の自由（憲法第19条）といった憲法上の基本権の価値をも脅かしています。ＡＩの影響に依らない自由な幸福追求、思想形成の保障の必要性から、権利（規定）のあり方を再構成すべきとの議論もみられます。

2019年のOECD勧告

ＯＥＣＤ（経済協力開発機構）人工知能に関する理事会は２０１９年5月22日、Recommendation of the Council on Artificial Intelligence（人工知能に関する理事会勧告）を採択し（以下、一部引用）、加盟国（日本を含む）に対し、ＡＩの責任あるスチュワードシップ（受託責任）に積極的に取り組むよう求めています。

特に１・２（ａ）では、「法の支配、人権及び民主主義の価値観を尊重すべき」とし、（ｂ）ではセーフガードとして「人間による最終的な意思決定の余地を残す」ことを求めています。

政府、関係企業だけでなく、みなさん自身もステークホルダー（利害関係者）です。ＡＩシステムの運用を注視すべき立場にあります。

1・1 包摂的な成長、持続可能な開発及び幸福

ステークホルダー（直接的なものであるか間接的なものであるかを問わず、AIシステムに関与するか、又はAIシステムから影響を受ける組織及び個人の全てが含まれる。※筆者註）は、人間の能力の増強や創造性の向上、少数派の包摂の促進、経済・社会・性別における格差の改善、及び自然環境の保護などがもたらす包摂的な成長、持続可能な開発及び幸福の増進といった人々と地球にとって有益な結果を追求することにより、信頼できるAIの責任あるスチュワードシップに積極的に取り組むべきである。

1・2 人間中心の価値観及び公平性

a）AIのアクターは、AIシステムのライフサイクルを通じ、法の支配、人権及び民主主義の価値観を尊重すべきである。これらには、自由や尊厳、自主自律、プライバシーとデータの保護、無差別と平等、多様性、公平性、社会正義及び国際的に認知された労働権が含まれる。

b）この目的を達成するため、AIのアクターは、人間による最終的な意思決定の余地を残しておくことなど、状況に適した形で、かつ技術の水準を踏

まえたメカニズムとセーフガードを実装すべきである。

1・3 透明性及び説明可能性

ＡＩのアクターは、ＡＩシステムに関する透明性と責任ある開示に積極的に関与すべきである。これらを達成するため、ＡＩのアクターは、以下のために、状況に適した形で、かつ技術の水準を踏まえ、意味のある情報提供を行うべきである。

i. ＡＩシステムの一般的な理解を深めること。
ii. 職場におけるものを含め、ＡＩシステムが使われていることをステークホルダーに認識してもらうこと。
iii. ＡＩシステムに影響される者がそれから生じた結果を理解できるようにすること。及び、
iv. ＡＩシステムから悪影響を受けた者がそれによって生じた結果に対して、その要因に関する明快かつ分かりやすい情報、並びに予測、推薦又は意思決定のベースとして働いたロジックに基づいて、反論することができるようにすること。

1・4 頑健性、セキュリティ及び安全性

a）AIシステムは、通常の使用、予見可能な使用や誤用、又はその他の悪条件においても正常に機能するとともに、不合理な安全上のリスクをもたらすことがないように、そのライフサイクル全体にわたって頑健で、セキュリティが高く、かつ安全であるべきである。

b）この目的のために、AIのアクターは、AIシステムの出力の分析や問合せに対する対応が可能であるように、状況に適した形で、かつ技術の水準を踏まえたトレーサビリティを確保すべきである。トレーサビリティの確保には、データセット、プロセス及びAIシステムがそのライフサイクルの中で行った決定に関することも含まれる。

c）プライバシー、デジタル・セキュリティ、安全性及びバイアスといったAIシステムに関するリスクに対処していくために、AIのアクターは、その役割、状況及び能力に基づき、系統化されたリスクマネジメントのアプローチをAIシステムのライフスタイルの各段階に絶え間なく適用すべきである。

1・5 アカウンタビリティ

AIのアクターは、その役割と状況に基づき、かつ技術の水準を踏まえた形で、AIシステムが適正に機能していること及び上記の原則を尊重していることについて、アカウンタビリティを果たすべきである。

（出典）OECD「人工知能に関する理事会勧告」（総務省ウェブサイト）
https://www.soumu.go.jp/main_content/000642217.pdf

50 私たちが投票率向上のためにできることは？

A 18歳選挙権が実現した後も、候補者、政党・政治団体が行う政治対話、メッセージの発信（内容、方法）が年配者層向けに片寄っており、若年者層に対し十分にアプローチできていません（無意識の選別）。みなさんは、候補者等に臆することなく、自分の意見（疑問、提案）をぶつけてください。全世代に言えることですが、義務感で選挙の投票に臨もうとすると、政治が「つまらないもの」として映ってしまいます。自分の意思で、自由な価値観を以て「投票に行きたい」という動機付けができることが大切です。

まず、表をご覧ください。18歳選挙権が実現した後の、国政選挙の年齢別投票率（18～20歳）です。いずれも全体の投票率を下回っているとともに、18歳、19歳、20歳と年齢が上がっていくにつれ、投票率が順に下がる現象が起きています。

年配者であるほど、「今の若者はだらしない。志が足りない」というボヤキの一言をつい発したくなるでしょう。「投票に行かせよう」という教育者的、管理人的発想になりがちです。

18～20歳は確かに、全世代平均より棄権率が高いものの、候補者、政党の側の意識改革こそ遅れている問題もあります。何といっても、政治対話、メッセージの発信（内容、方法）が年配者層向けに片寄っており、日常的に若年層と上手くコミュニケーションを取っていない現実があります。選挙運動の際に配布されるビラ、選挙公報、街頭演説の内容も、中高年層に関心のある家計支援、年金医療の問題に自然とウエイトが置かれます。若者政策といっても、20～30代がターゲットとなる子育て支援（手当、保育政策など）の話はあるものの、10代が渦中にあるヤングケアラー、学費・授業料などの問題は重点化されにくい傾向に

国政選挙の年齢別投票率（18～20歳）

	2016 参院選	2017 衆院選	2019 参院選	2021 衆院選	2022 参院選
18歳	51.17%	50.74%	35.62%	50.36%	40.06%
19歳	39.66%	32.34%	28.83%	35.93%	30.66%
20歳	34.75%	29.52%	26.34%	33.03%	29.01%
全体	54.70%	53.68%	48.80%	55.93%	52.05%

（出典）総務省公表資料を元に、筆者作成。

あります。

TikTok、ツイッターなどのSNSは広報ツールとして有効ですが、選挙が始まろうとするタイミングで急に始める候補者も少なくなく（そして、選挙が終わると更新が止まってしまう）、短期間の一方的な発信で終わってしまいます。逆に、SNSを上手く使いこなせず、政治活動の命綱として「後援会名簿」に頼る年配の候補者もまだ多く、そもそも名簿に入っていない10代の若者は活動報告、集会案内などの対象外となっています。20歳選挙権の時代が長かった影響もあり、特に制服の高校生（一目で判別できる）は有権者でないと思い込み、街頭演説の場でビラを積極的に渡そうとしないなど（枚数に制限があるものは、躊躇しやすい）、運動を行う側が先に、壁を作ってしまっています。

棄権を「信任」と言われないために

日本は義務投票制の国ではないので、投票に行かない（棄権する）ことも選択の一つではあります。しかし、その時々の当選者から、「棄権は、信任の意思の現れ」と、肯定的に、都合よく解釈されることがあります。

18歳で選挙権を行使できるみなさんが、国、地域の政治の中心となる時代がいずれ到来します。それまでの間に、選挙運動の方法も大きく様変わりし、世代の分け隔てが少ない政治コミュニケーションが確立していることでしょう。何より、自分の意思で、自由な価値観を以て「投票に行きたい」という動機付けができることが大切です。人生の中で何度も経験する選挙に、本当の価値を与えるのは、みなさん自身です。

■著者紹介

南部《なんぶ》　義典《よしのり》　国民投票総研 代表

1971年岐阜県生まれ。1995年京都大学文学部卒業。衆議院議員政策担当秘書、慶應義塾大学大学院法学研究科講師（非常勤）等を歴任。専門は国民投票法制、国会法制、年齢法制、立法過程。

○主要単著

『教えて南部先生! 18歳成人Q&A』（C&R研究所、2022年）

『改訂新版 超早わかり国民投票法入門』（C&R研究所、2021年）

『図解超早わかり 18歳成人と法律』（C&R研究所、2019年）

『Q&A解説 憲法改正国民投票法』（現代人文社、2007年）

○主要共著

『9条改正論でいま考えておくべきこと（別冊法学セミナー No.255）』（日本評論社、2018年）

『広告が憲法を殺す日』（集英社新書、2018年）

『18歳成人社会ハンドブック』（明石書店、2018年）

『18歳選挙権と市民教育ハンドブック　補訂版』（開発教育協会、2017年）

○監修

『マンガde理解 ココが変わった!! 18歳成人〔法律編・生活編〕』（理論社、2023年）

編集担当：西方洋一 / カバーデザイン：秋田勘助（オフィス・エドモント）

教えて南部先生! 18歳までに知っておきたい
選挙・国民投票Q&A

2023年2月24日　初版発行

著　者　南部義典

発行者　池田武人

発行所　株式会社　シーアンドアール研究所

新潟県新潟市北区西名目所4083-6（〒950-3122）

電話　025-259-4293　FAX　025-258-2801

印刷所　株式会社　ルナテック

ISBN978-4-86354-406-2 C2032